MANAGEMENT
ENCYCLOPEDIA

リーダー1年目の
マネジメント
大全

Kibe Tomoyuki
木部智之

三笠書房

は じ め に

　これまでの活躍が認められ、新しくリーダーとなったあなた。
　やる気に満ち溢れ、嬉しい気持ちの一方で、本当に自分にリーダーが務まるだろうかと不安も抱えていることでしょう。

「チームのメンバーは、ついてきてくれるだろうか？」
「年上のメンバーと、うまくやっていけるだろうか？」
「どうすれば、チームの雰囲気がよくなるだろう？」
「組織のビジネス目標を達成できるだろうか？」
「上司の期待に、応えられるだろうか？」

　あなたの気持ちは、よくわかります。
　私自身もリーダー１年目のときは、不安だらけでした。

　私は入社３年目で、初めてリーダー職を経験しました。それ以来、プロジェクトチームや部門組織など、５人から600人規模まで大小様々なチームを、外資系と日系企業の双方の組織でリードしてきました。ＰＭ（プロジェクトマネージャー）としてプロジェクトチームをリードする機会が多かったのですが、大炎上しているプロジェクトに、途中から責任者として投入されることも度々でした。

　こうして、リーダー経験だけは幅広く積んできた私ですが、リーダーの仕事の全体像をつかめるようになったのは、実はようやく最近のことです。それまでは、特にリーダー着任時など、何をやるにも手探りからのスタートで、不安でいっぱいでした。

　今思えば、その不安の正体は、

・リーダーがやるべき仕事の全体像がわからない
・それらのコツやポイントもわからない
という状態だったからです。
これらをつかんだ今、私には、迷いも不安も一切ありません。

　あなたも、早いタイミングでリーダーの仕事の全体像がわかっていれば、そして、それらのテクニックやコツを知ることができれば、手探りはなくなり、リーダーとしての悩みも少なくなるでしょう。自信を持ってチームとメンバーをリードし、より早く成果を出すことができるようになるはずです。

　そこで本書は、**リーダー1年目のあなたが、今日からすぐにも、迷いなく仕事を進められるよう、リーダーがやるべき仕事のすべてと、それらを実践する上での知識とスキルを全8章104の項目にまとめました。**

　序章は、リーダーの役割、リーダーの仕事とはどんなものか、リーダーとしての心がまえをまとめています。
　続いて、メンバーをどのようにリードし、チームとしてどうビジネスの成果を上げていくかを、第1章「メンバー・マネジメント」と第2章「チーム・マネジメント」で解説しました。メンバーとチームのマネジメントは、リーダーの仕事の根幹をなす重要な要素なので、かなりの項目数を割いています。
　そして、ビジネス目標を達成するためのマネジメントを第3章「ビジネス・マネジメント」として解説しました。
　第4章は「サイクル・マネジメント」です。マネジメントで後手に回ることがないよう、1年や半年、1カ月などの「組織の運営

サイクル」を理解した上で、先手思考で仕事を設計することの重要性を説きました。

第5章にリーダー自身の「メンタル・マネジメント」を解説しました。この先、多くのストレスとプレッシャーにさらされるであろうあなた自身のメンタルを守るための章です。

第6章の「セルフ・マネジメント」には、リーダー1年目のあなたが、仕事を通じて研鑽を積み、さらなるキャリアアップをしていくための考え方をまとめました。

最後の第7章では、私がこれまで接してきた多くのリーダーの行動から得た学びを「モデルケース」としてご紹介しています。あなたもぜひ、疑似体験をしてみてください。

通読すると、リーダーの仕事すべてを理解し、習得するのはなんて大変なんだろうと、気が遠くなるかもしれません。

でも大丈夫、安心してください。

リーダーを全うする上で、本書の内容が常に必要なわけではありません。さらに言えば、リーダー1年目から、すべてが完璧にできている必要もありません。

しかし、いつか必ず、必要となるシーンがやってきます。

その時が来たら、改めて本書を地図代わりにして、自分の進むべき道を確認していただければと思います。

今はまだ、この地図のすべてを理解していなくても問題ありません。この先のリーダー道で迷ったときに、ページを開けば解決するのだと知っておくだけでも、何よりの安心材料になるはずです。

本書が、リーダーの道を歩み始めたあなたのお役に立てるなら、これほど嬉しいことはありません。

Contents

序章 MINDSET
リーダーになったあなたへ
マネジメント以前に大切な「心がまえ」の話

第**1**章

メンバー・マネジメント
一人ひとりの「成長意欲」を刺激する

チーム・マネジメント

方向性を示し、力を合わせて「ゴール」をめざす

BUSINESS MANAGEMENT

ビジネス・マネジメント
「成果を最大化する戦略」を実行する

第 **4** 章

CYCLE MANAGEMENT

サイクル・マネジメント
組織の「運営周期」を理解し、先手で仕事を設計する

第 **5** 章

メンタル・マネジメント
成果を上げるリーダーの「心」の防衛術

セルフ・マネジメント
自分自身を磨き続け、キャリアアップする技術

第7章

7

モデルケース
優秀なリーダー／残念なリーダーは何が違うのか？

本文イラスト　芦野公平

本文DTP・図版作製　佐藤 純（アスラン編集スタジオ）

図版イラスト　吉村堂（アスラン編集スタジオ）

序 章

リーダーになったあなたへ

MINDSET

マネジメント以前に大切な「心がまえ」の話

初めてリーダーになったあなたは、
今、不安でいっぱいかもしれません。
「マネジメントって、何をどうすること?」
「私に、リーダーが務まるだろうか?」
「メンバー時代との、一番の違いは何だろう?」
そんなたくさんの「?」に
一つずつ、答えていきます。

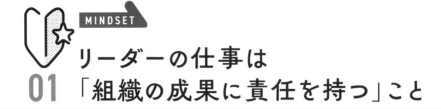

01 リーダーの仕事は 「組織の成果に責任を持つ」こと

突然ですが質問です。「リーダー」とは一体何でしょうか?

リーダー、マネジャー、部長、課長、管理職など呼び方はいろいろありますが、役割は基本的に一緒です。**組織やチームのトップとなる人**のことをリーダーと呼びます。

本書では、「組織」と「チーム」、両方の言葉が登場します。簡単に定義すると、**組織は人事上のもの、チームは人事とは無関係なもの**として使い分けています。例えば、「部」や「課」は組織ですが、「プロジェクト」や「タスクフォース」などはチームです。

皆さんの中には、組織リーダーもいれば、チームリーダーもいると思います。あるいは、両方を兼務している人もいるでしょう。

いずれも人事評価などの面を除けば大きく変わらないので、ご自身のケースに当てはめて読んでいただければと思います。

✓ リーダーがいなければチームはまとまらない

まず、リーダーの必要性を考えてみたいと思います。なぜリーダーが必要なのでしょうか。この問いに答えるためには、リーダーがいなかったらどうなるかを想像してみるといいでしょう。

もしリーダーがいなければ、組織・チームの仕事はバラバラになってしまいます。メンバーが方向性や足並みを揃えずにそれぞれの仕事をしてしまい、やりたいことをやりたいようにやるでしょう。サボるメンバーも出てくるかもしれません。これでは組織・チームとして十分な成果を上げることはできません。

リーダーは、**チームに指針を示し、メンバーの力を束ねて、チームとしてのビジネス成果を出していかなければいけません。**

これは歴史を振り返ってみても明らかです。

　戦国時代の武将がまさにリーダーです。武将の指示によって兵が動き、声のかけ方一つで士気が高まったり、逆に落ちたりと、武将次第で戦の勝ち負けが決まるのが定石でした。ビジネスリーダーもこれと同じなのです。

✓ リーダーになったあなたは、会社から期待されている

　「マネジメントの父」とも呼ばれた有名な経営学者・社会学者、P.F.ドラッカーは、マネージャー（リーダー）を**「組織の成果に責任を持つ者」**と定義しました。

　こういわれても、リーダー1年目のあなたには、ピンとこないかもしれません。でも、安心してください。実は、私もそうでした。むしろ、リーダー1年目のときはそんなことを考える余裕すらなかった、というのが正直なところです。

　ですから本書では、「組織の成果に責任を持つ」リーダーがすべき仕事を一つひとつ分解し、わかりやすく解説していきます。

　あなたはすでに、十分優秀な人材です。**あなたがリーダーに任命されたということは、あなたの能力と活躍に会社が期待しているということ。**不安はあると思いますが、自分は期待されているのだということも、モチベーションにしていただければと思います。

リーダーはチームを束ねてビジネスの成果を出す

リーダー　　貢献　　会社　　期待　　メンバー

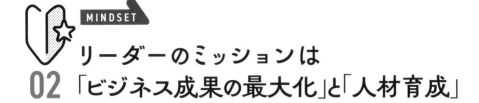

02 リーダーのミッションは 「ビジネス成果の最大化」と「人材育成」

「組織の成果に責任を持つ」ために、リーダーがやるべき仕事は実にたくさんあります。しかし、ポイントは2つだけです。

一つは、**ビジネスの成果を最大化**すること。リーダーには、与えられた予算やメンバー、時間といった限られた条件の中で、より大きなビジネス成果を上げることが求められます。

もう一つは、**人材育成**。すなわち、チームメンバーを育成し、**メンバーのスキルアップとキャリアップを実現する**のです。

この2つのミッションについて、もう少し詳しく解説しましょう。

✓ 与えられた環境で、最大の成果を叩き出せ

予算が潤沢にあり、優秀なメンバーも揃っている。だからといって、そのチームが大きな成果を上げるとは限りません。

逆に、予算が少なく、メンバーの頭数とスキルが十分でなくても、的確な戦略があれば、大きな成果を上げることもできます。

リーダーは、与えられた条件下で最大の成果を上げることがミッションです。条件が最良でも最悪でも、最大の成果をもたらすのは常にリーダーの「戦略と実行力」です。それはつまり、どんな結果になろうとも、環境のせいにはできないということです。

ビジネスの成果とは、売上や利益だけを指すのではありません。新規サービスの立ち上げなども含まれます。管理部門であれば、社内サービスをトラブルなく、安定的に提供し続ける、というのもビジネスの成果になるでしょう。

あなたの環境に置き換えて、**自分たちの「ビジネスの成果」とは何だろうか?** と考えてみてください。

☑ リーダーはメンバーの「キャリアと人生」を預かる存在

2つ目のミッションは、**人を育てること**です。

組織やチームの成果を継続的に伸ばしていくためには、メンバーもレベルアップしていくことが必要です。メンバーが成長することなく、現状維持のままでビジネスを成長させていくことはできません。戦国武将が兵士を鍛えて、強い軍を作るのと同じです。

しかし、ビジネスでリーダーがメンバーを育てないといけない理由は、もう一つあります。

それは、リーダーが**メンバーのキャリアと人生を預かる存在**だからです。どのメンバーにも、キャリアと人生があり、リーダーはメンバーの未来に向けて、最良の道筋を作る責務があります。リーダーであるあなたは、メンバーの**スキルを上げて仕事で成果を出すだけでなく、ステップアップをさせて給料も上げる**。そうしてメンバーに**「人生がよりよくなる手助け」**をしてほしいと思います。

メンバーにとっては、配属された組織やアサインされたプロジェクトがキャリアアップの舞台です。配属されてから、このチームでは成長できないなぁ、他のチームで仕事をしている同期のほうが成長しているのでは……などと思わせないようにしなくてはいけません。それは、リーダーであるあなたの役目です。

リーダーの仕事は大きく2つ

03 仕事の「全体像」をつかむ

　リーダー1年目のあなたは、今、何から着手すればいいのか、見当もつかない状態だと思います。私も、そうでした。

　しかも、リーダーの仕事を教えてくれるような人も身近にはいません。なぜなら、ほとんどの場合、新人リーダーの周りにいる**先輩リーダーたちもまた、リーダーという仕事を模索している状態**だからです。そして、リーダーの仕事の全容や重要なポイントをつかんだベテランリーダーたちは、すでにかなり上のポジションに就いていて、新人リーダーに直接アドバイスする立場にないのです。

　そこで、まずは**リーダーの仕事の全体像を整理**しておきましょう。全体像がイメージできていれば、闇雲に模索するのではなく、テーマを持って取り組んでいけるようになるはずです。

✓ リーダーがマネジメントするべき4つのターゲット

　まず、リーダーの仕事は、**チーム「内部」の仕事と「外部」の仕事**に分けられます。

　内部の仕事とは、メンバーとの仕事、チームで実行する仕事です。外部の仕事とは、上司に対する仕事や他の組織との仕事、お客様や他社との仕事も外部の仕事です。内向きの仕事と外向きの仕事というベクトルでイメージしておくといいでしょう（右図参照）。

　リーダーがマネジメントする対象は、

❶メンバー
❷チーム
❸ビジネス
❹自分自身（セルフ）
の4つです。

❶メンバー・マネジメントとは、**メンバーへの仕事の割り振り、育成、キャリア支援、メンタルケア**などです。

❷チーム・マネジメントとは、チームのパフォーマンスを最大化するために行う、**仕事のアサインやチームビルディング**などです。

❸ビジネス・マネジメントは戦略立案や実行、進捗管理など、ビジネスの成果を最大化するために行う仕事です。

最後の❹自分自身、すなわちセルフ・マネジメントは、**リーダー自身の成長とキャリアアップ**の取り組みです。

✔ マネジメントでは「時間軸」を考慮する

大切なポイントは、これら**4つのマネジメント**に「**時間軸**」の**視点を入れる**ということです。

年初にメンバーの目標設定をして、年末に評価を行う。組織の年度方針を立案し、実行・進捗状況を四半期ごとに評価する。プロジェクトの進捗を週次で確認し、月次でマネジメント報告をする、というように、どのようなサイクルでマネジメントをしていくかを時間軸で考えます。

そうしないと、気づいたら1年が終わっていた、となりかねません。本書ではこれらのマネジメントについて、解説していきます。

マネジメントの対象を矢印でイメージする

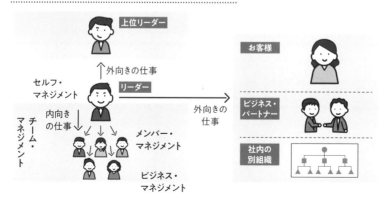

04 「リーダーシップ」と「マネジメント」のバランスを取る

「リーダーシップ」と「マネジメント」。よく混同される言葉ですが、皆さんはこの2つの違いがわかりますか?

リーダーは、どちらの意味も正しく理解し、使い分ける必要があります。

✓ 変革推進の「リーダーシップ」と、組織運営の「マネジメント」

リーダーシップとは、**「人と組織を動かす」**際に必要なスキルであり、**「方位磁針」**にたとえられることもあります。具体的には、**組織のビジョンを示す、メンバーのモチベーションを高める、組織を立ち上げる、変革を推進**するなどです。

もう一方のマネジメントは**「人と組織を運営する」**スキルで、**「時計」**にたとえられます。具体的には、**計画・予算の立案、組織設計や人員配置、進捗（計画と実績）の管理と問題解決**などです。

このように、リーダーシップとマネジメントには明確な違いがあるので、状況に応じて使い分けるようにしましょう。

✓ チームの状況によって、方位磁針と時計を使い分ける

リーダーシップとマネジメントの使い分けについて、プロジェクトチームの立ち上げを例に、考えてみましょう。

チームを新たに立ち上げるときは、プロジェクトのめざすゴールやチーム方針などのビジョンを示します。集まったメンバーへの動機づけを行うことも大切です。これらがリーダーシップです。

また、このプロジェクトの実行計画を立てたり、メンバーの役割も決めたりしなければいけません。これがマネジメントです。

　プロジェクトの初期段階では、力配分としてはリーダーシップが多めで、マネジメントが少なめになります。

　プロジェクトが立ち上がり、安定してくるとリーダーシップよりも予実管理や問題解決のマネジメントに重心が移ります。

　しかし、トラブルや進捗の遅れなど、プロジェクトの状況が悪くなると、ビジョンの再周知やモチベーション回復などのリーダーシップが必要となります。

　このように、リーダーは**チームの状況に応じてリーダーシップとマネジメントを使い分け**なければいけません。どちらか一方だけでは、リーダーの仕事は務まらないのです。

　ただし、リーダーシップとマネジメントは、人によって得意、不得意がわかれます。例えば私の場合は、リーダーシップを取ることは得意ですが、マネジメントはやや苦手です。

　自分がどちらを不得意としているのかを理解しておかないと、チームがどんな状況でも得意なスキルばかりを使いたがる、という偏った状態が生まれます。

　また、苦手な分野は、普段から意識してスキルアップをしておかなければいけません。そのスキルが必要なタイミングが来たときに、即座に実践できるようにするためです。そうしないと、バランスの取れたリーダーの仕事はできません。

チームの状況で「リーダーシップ」と「マネジメント」を使い分ける

立ち上げ期
変革期

リーダーシップ

多　　少

マネジメント

少　　多

安定期

「理論」や「王道」を ベースにアレンジする

世の中は、たくさんのリーダーシップ論で溢れています。

クルト・レヴィンの「3つのリーダーシップ・スタイル」のほか、「コンセプト理論」「PM理論」など、有名なものだけでもいくつもの理論がありますが、ここで重要なのは、**自分なりのスタイルを見つけること**です。

ここでは、私がおすすめする、リーダーシップ・スタイルを紹介することにします。

☑ ゴールドマンのリーダーシップ・スタイル

アメリカの心理学者、ダニエル・ゴールドマンは、EQ（Emotional Intelligence：心の知能指数）の構成要素をもとに、リーダーシップには、次の6つのスタイルがあると定義しました。

❶ビジョン型リーダーシップ（Visionary Leadership）

❷コーチ型リーダーシップ（Coaching Leadership）

❸関係重視型リーダーシップ（Affiliative Leadership）

❹民主型リーダーシップ（Democratic Leadership）

❺ペースセッター型リーダーシップ（Pacesetting Leadership）

❻強制型リーダーシップ（Commanding Leadership）

それぞれの簡単な説明は右図の通りです。自分はどのタイプだろうか、どれが使いやすいか、どれが苦手か、考えてみてください。

今の段階では、何となくイメージできれば十分です。これらの理論をどんなに深く理解しても、**実際の運用場面ではどれか一つのスタイルに決めることは難しいでしょう。ケース・バイ・ケースでいくつかのスタイルをミックスしながら使うことになる**はずです。

☑ フェーズに応じて、スタイルを変化させる使い方

　ご参考までに、私の使い方を紹介しましょう。

　チームの立ち上げのときは「ビジョン型」を多く使いますが、チームが軌道に乗ってきたら「民主型」に移行します。

　とはいっても、メンバーによっても使い分けます。経験が浅く、まだ独り立ちが難しそうなメンバーには「コーチ型」で接し、ある程度主体的に仕事ができるメンバーには「民主型」で接します。

　トラブルが発生し、予断を許さない状況になった場合は、「強制型」を意識的に使うこともあります。

　このように、**リーダーは、組織・チームの状況、メンバーの成熟度などに合わせてリーダーシップ・スタイルを使い分ける**ことが欠かせません。自分のスタイルはこうだ、と決めつけて、それだけを貫き通しては、いい結果は得られません。

　最後に補足しておくと、**「ペースセッター型」と「強制型」を使うには、メンバーモチベーションなどで注意**が必要とされています。この2つを使うときは、慎重に扱ってください。

ダニエル・ゴールドマンのリーダーシップ6つのスタイル

リーダーシップ・スタイル	共鳴の起こし方	適用すべき状況
ビジョン型	共通の夢に向かって人々を動かす	変革のための新ビジョンが必要なとき、または明確な方向性が必要なとき
コーチ型	個々人の希望を組織の目標に結びつける	従業員の長期的才能を伸ばし、パフォーマンスの向上を援助するとき
関係重視型	人々を互いに結び付けてハーモニーを作る	亀裂を修復するとき、ストレスのかかる状況下でモチベーションを高めるとき、結束を強めるとき
民主型	提案を歓迎し、参加を通じてコミットメントを得る	賛同やコンセンサスを形成するとき、または従業員から貴重な提案を得たいとき
ペースセッター型	難度が高く、やりがいのある目標の達成をめざす	モチベーションも能力も高いチームから高レベルの結果を引き出したいとき
強制型	緊急時に明確な方針を示すことによって恐怖を鎮める	危機的状況下、または再建始動時、または問題のある従業員に対して

出典：『EQ　リーダーシップ』（ダニエル・ゴールドマン／リチャード・ボヤツィス／アニー・マッキー 著、土屋京子 翻訳、日本経済新聞出版）

06 リーダーは「偉い人」ではない

あなたの周りのリーダーを、思い浮かべてみてください。

リーダーであることや役職の高さを「偉い」ことだと勘違いしている人が、何人か思い当たりませんか。そういう人たちに接すると、私は非常に残念で、いたたまれない気分になります。

☑ 優れたリーダーは決して「偉そう」にはしない

「偉そう」にしている人の特徴として、次のようなものがあります。

- 自己中心的
- 「依頼」でなく「指図」をする
- 威圧的
- 批判的
- 意見を聞かない
- 横柄
- 傲慢

この特徴を見るだけでも、いい気持ちにはなりませんが、実際にこういう人と一緒に仕事をすると、不快な気分になります。

これでは、チームのパフォーマンスが向上するはずがありません。

不思議なのは、誰しもこうした「偉そう」な人と仕事をして嫌な気持ちになったことがあるはずなのに、いざ昇格すると、途端に「自分も偉くなった」と錯覚する人がいることです。あなたが優れたリーダーをめざすなら、ここで勘違いをしないようにしましょう。

なぜなら「偉そう」に振る舞うリーダーには、メンバーが意見を言いづらい、反論しづらい、報告しづらい、いちいちお伺いをたてないと物事が進まないなど、不毛なことが数多く発生するからです。

この状況は、組織・チームとして健全ではありません。

リーダーが「偉そう」にふんぞり返っている組織やチームには活気がなく、どんよりとした雰囲気が漂っています。

私がこれまで見てきた**素晴らしいリーダーたちは皆、偉そうに振る舞うことはありませんでした。**放っておけばメンバーから「偉い人」という扱いを受けてしまうので、むしろ**意識して、そういう空気をつくらないように努めている**ようにも見えました。

実際、そうしたリーダーが率いるチームは活気があり、高い成果を上げていたことを覚えています。

✓ リーダーは「組織運営上の役割」に過ぎない

私は上司、部下という言葉を使わないようにしています。

なぜなら、これらの言葉には「上」と「下」という文字が入っており、まるで上下を定めているように受け取れるからです。

リーダーとは単なる役割です。上でも下でもなく、チームを統率して、チームとして成果を出すためのポジションです。

野球ではピッチャーや4番バッターが目立つことが多いですが、それらもチームの一員です。他のポジションや打順と同じようにチームの中のフラットな役割の一つなのです。

組織体制図はピラミッドのように書かれることがよくありますが、その組織ピラミッドを横に倒すようなイメージを持ちましょう。

リーダーが偉い、という環境をつくるのではなく、**リーダーを含めた組織やチームがフラットに働ける環境を作るのも、リーダーの重要な仕事の一つです。**

「偉そう」にすることには何のメリットもないどころか、むしろデメリットしかない、ということを肝に銘じておきましょう。

「生身の人間」を相手にする以上、セオリーだけでは通用しない

　リーダーの仕事は、理屈だけではうまくいかないことばかりです。26ページでもお伝えしたように、いくら王道を知り、セオリー通りに実践しても、うまくいくとは限りません。

　なぜでしょうか。

　それは、**リーダーの仕事が「人を相手にする仕事」**だからです。

✓ リーダーの仕事は「型」にはめられない

　十人十色という言葉があるように、人はそれぞれ違います。

　Aさんに対してはうまくいった接し方が、Bさんには効果的でない、ということもあります。また、先週のAさんはモチベーションが高かったけれど、今週はなぜか低く、何を言ってもネガティブに受け取られてしまう、ということもあります。

　互いの性格や相性の問題もあるでしょうし、その日、その時の気分に左右されることもあるでしょう。プライベートで深刻な問題を抱えていて、仕事に打ち込めないメンバーもいるかもしれません。

　このように、同じ人でもその日のコンディションによって違いが生じるのですから、違う人であればなおのこと。リーダーの画一的な対応でチームがうまく回るはずがないのです。

　つまり、「人と人」との接点の多い**リーダーの仕事のすべてを、型にはめられるようなセオリーはない**のです。

　これは、あなたがこの先リーダーとして仕事をする上で、非常に重要なポイントになります。これを頭に入れておかないと、うまくいかないときに凹んだり、不要なストレスを抱えることになります。

✓ 優れたリーダーは、相手を観察して対応を変えられる

では、大切なことは何かといえば、それは**「相手をよく観察する」**ということです。

十人十色のメンバーそれぞれに合わせて、自分のアプローチを変えなければいけないのであれば、まずは、メンバーのことを把握するところから始めましょう。**メンバー一人ひとりの性格やキャリア志向などを理解することはもちろんのこと、その日のコンディション、その時々の状況**についても、じっくり観察するのです。

観察力が高いリーダーは、メンバーの話し方や歩き方から、目力、服装に至るまで、しっかり見ています。ちょっとしたひと言から、メンバーの心理状態を推察したりもします。そうして変化を見ながらメンバーの様子をしっかりと捉えて、対応を変えているのです。

あなたも、「なぜ、今日のAさんはきちんと動いてくれないんだろう」と悩むのではなく、「昨日のAさんと、今日のAさんではコンディションが違うようだ」という前提に立ち、その時々の状況に合わせたコミュニケーションを心がけましょう。

相手が人間である以上、**相性の問題やコンディション、感情の波もある**のだということを理解しておくことが大切です。

優れたリーダーは観察力が高い

しっかり観察

08 リーダーの仕事を楽しもう

　最近、リーダーになりたくない、という人が増えているという話をよく耳にします。

　その理由は、

- **責任を負いたくない**
- **出世には興味がない**
- **現状維持、今のままでいい**
- **チームをまとめるなんて、面倒くさい**

など、いろいろあるようです。

　では、リーダーの仕事はつまらなく、面倒ばかりで報われないものなのでしょうか？　いいえ、私はそうは思いません。

☑ 組織の未来は、あなたの手に委ねられている！

　確かに、リーダーには不条理なことや面倒くさいこともありますし、なぜこんなことをやらなければいけないのだろうか、と思うこともたくさんあります。

　しかし、それらすべてをひっくるめても、総じて、リーダーの仕事は楽しく、やりがいに満ちていると思うのです。

　まず、**やれる仕事の範囲が広くなり、よりチャレンジングな仕事ができる**ようになります。さらには、**組織やチームのメンバーを率いて成果を出したときの達成感は何にも代えがたい**ものです。リーダーの仕事には、リーダーの立場でなければ味わえない「醍醐味」があるのです。

　そして、忘れてはいけないのは、あなたがリーダーに任命されたということは、あなたが組織の中で優秀な人材であるという評価を

得たということです。どの組織も優秀でない人にリーダーを任せる
はずがありません。なぜなら**リーダーとは、組織の成果や未来を左
右する重要なポジション**だからです。

　ということは、誰にでも平等に与えられたチャンスなのではなく、
「選ばれたあなた」に与えられたチャンスなのです。

☑ リーダーの苦労はリーダーでなければ味わえない

　であれば、せっかくのそのチャンス、ムダにせずに楽しんでやっ
ていこうではありませんか。

　もちろん、苦労もあれば不条理なこともあるでしょう。しかし、
それはどんな仕事でも同じです。

　**リーダー特有の苦労を味わうということは、リーダーでなければ
経験できません。**これは見方を変えれば、非常に贅沢な経験です。
どうせ苦労をするなら、リーダーとしての苦労をしてみましょう。

　リーダーとしてのメンタルアドバイスは第5章で取り上げますが、
先に一つだけお伝えしておくと、同じ苦労をつらい経験だと片づけ
てしまうのも、有意義なものにして自分のキャリアにつなげていく
のも、あなたの捉え方次第です。楽しんでやっていきましょう！

リーダーの仕事はやりがいに満ちている

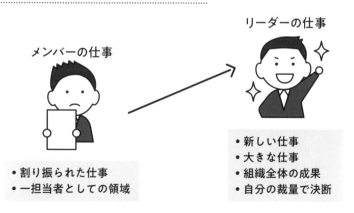

メンバーの仕事

リーダーの仕事

- 割り振られた仕事
- 一担当者としての領域

- 新しい仕事
- 大きな仕事
- 組織全体の成果
- 自分の裁量で決断

Check Point

☑ **リーダーの仕事は「組織の成果に責任を持つ」こと**

  ☐ リーダーがいなければ、メンバーはまとまらず、
    組織は成果を出すことができない

  ☐ リーダーに任命されたのは、あなたの能力と活躍に
    会社が期待しているから

☑ **リーダーのミッションは**
  「ビジネス成果の最大化」と「人材育成」

  ☐ チームの成果は常にリーダーの「戦略と実行力」がもたらす

  ☐ リーダーはメンバーの「キャリアと人生」を預かる存在

☑ **仕事の「全体像」をつかむ**

  ☐ リーダーがマネジメントする対象は、
    ❶メンバー ❷チーム ❸ビジネス ❹自分自身　の4つ

  ☐ 「時間軸」のサイクル思考で、先手を打つ

☑ **「リーダーシップ」と「マネジメント」両方のバランスを取る**

  ☐ 「リーダーシップ」は変革推進、「マネジメント」は組織運営

  ☐ チームの状況に応じて、「リーダーシップ」と「マネジメント」を
    使い分ける

☑️ 「理論」や「王道」をベースにアレンジする

☐ 理論や王道も取り入れながら、
自分なりのリーダーシップ・スタイルを見つけよう

☐ メンバーの状態やチームの状況に応じて、
リーダーシップ・スタイルを柔軟に使い分ける

☑️ リーダーは、決して「偉い」わけではない

☐ 偉そうなリーダーとは誰も仕事をしたくない

☐ リーダーは「組織運営上の役割」に過ぎない

☐ リーダーを含めた組織やチームがフラットに働ける環境をつくるのも、
リーダーの仕事

☑️ 「生身の人間」を相手にする以上、
リーダーの仕事に「セオリー」は通用しない

☐ 人は十人十色。画一的な対応では、チームはうまく回らない

☐ 優れたリーダーは、相手のコンディションに合わせて
対応を変えられる

☑️ リーダーの仕事を楽しもう

☐ リーダーとは、組織の成果と未来を左右する重要なポジション

☐ リーダーでなければ味わえない「仕事の醍醐味」がある

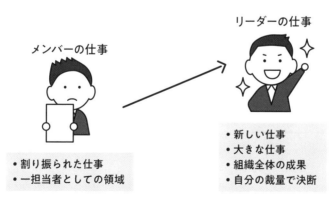

メンバーの仕事

・割り振られた仕事
・一担当者としての領域

リーダーの仕事

・新しい仕事
・大きな仕事
・組織全体の成果
・自分の裁量で決断

第 **1** 章

メンバー・マネジメント

MEMBER MANAGEMENT

一人ひとりの「成長意欲」を刺激する

1年目リーダーが最初に悩むのが
「メンバー・マネジメント」です。
個性も能力もばらつきのあるメンバーに対して、
どのようにコミュニケーションを取ればいいのか、
メンバーを育成し、成長に導くためには、
どのように接すればいいのか、
一緒に考えてみましょう。

01 メンバーのタイプを大まかに把握する

　リーダーの仕事の中で何より重要なのが「メンバーとのコミュニケーション」です。**コミュニケーションの巧拙が、組織の成果を左右する**と言っても過言ではありません。1年目リーダーがまず悩むのも、メンバーとのコミュニケーションでしょう。

　ただし、闇雲にコミュニケーションを取ろうとしても効果は望めません。まずは、**メンバーのタイプを知り、そのタイプに合わせたコミュニケーションを取る**ことが大事です。

☑ メンバーのタイプは大まかに要素分解して把握する

　人の性格やタイプをパターン化するときに気をつけたいのは、**要素を細かく分類しすぎない**こと。細かくしすぎると、パターン化の意味がなくなってしまうからです。

　私がいつも見ているのは、次の7要素です。
❶スキル　高／低
❷ポテンシャル　高／低
❸向上心　高／低
❹明るさ　明るい／暗い
❺積極性　ポジティブ／ネガティブ
❻社交性　高／低
❼協調性　高／低
　これらについて、右図のようにシンプルに評価します。
　もちろん、仕事内容やタスク、プロジェクトによっては、これ以外の要素を見ることもあります。例えば、専門技術や英語スキルなどです。あなたもチームとメンバーの仕事に合わせて、オリジナル

の要素を付け加えてみてください。

　メンバーのタイプをこのように要素分解しておけば、コミュニケーションを取るときも、内容やタイミングによって、どの部分を意識すべきかがわかりやすくなります。

　例えば、キャリアのアドバイスをするときに、スキルとポテンシャルが同程度の2人がいたとして、一人は向上心が高く、もう一人は高くないなら、アドバイスの観点や内容は変わるはずです。

☑ 評価は固定せず、常に観察して更新し続ける

　同じメンバーでも、タイミングによって変わることもあります。普段はポジティブだけど、たまたまうまくいかないことが続いてネガティブになっている、というときもあるでしょう。

　あるいは、付き合いの深さでも見え方が変わります。最初はネガティブ気質が強いと思っていたが、警戒心が強いだけで、実はポジティブな人であることがわかってきたとか、ポテンシャルが高いと思っていたけど、単独作業が着実にこなせていただけで、チームワークで進める仕事は苦手だった、とわかることもあります。

　このように、**人の評価は一つの側面を見るだけでできるものではなく、相手もたえず変化、成長**しています。常にアンテナを張り、メンバーの最新の状況を把握するように努めましょう。

メンバーのタイプは大まかに要素分解

	田中さん	青木さん	平山さん	小坂さん	西山さん
スキル	高	中	低	中	高
ポテンシャル	高	低	高	中	高
向上心	高	中	低	低	高
明るさ	明	明	暗	明	明
積極性	ポジティブ	ポジティブ	ネガティブ	ポジティブ	ネガティブ
社交性	高	高	低	高	低
協調性	高	高	低	中	中

02 メンバーからの相談は「聞き切る」ことに全集中する

　メンバーはいろいろな悩みを抱えているものです。その相談に乗るのもリーダーの大事な仕事の一つです。とは言え、時間と心理の両面で、業務に占める比重は大きくならざるを得ないと思います。

　仕事の進め方の相談もあれば、後輩メンバーの教育方法、他部門との調整、キャリアについての相談もあります。プライベートの相談をしてくる人もいるでしょう。

　自分が何に悩んでいるのかが明確な人もいる一方で、悩みの正体がぼんやりとしている人もいますし、モヤモヤしていることをただ何となく話しておきたい、という人もいるかもしれません。

☑ メンバーの相談を聞くのはリーダーの重要な仕事

　自分の仕事だけでも忙しいところに、メンバーから次々に相談が寄せられると、正直なところ、「時間が取られて仕事が進まないな」「それくらい、自分で考えてほしいなぁ」と感じることもあるでしょう。

　人間ですから、当然の反応だと思います。

　しかし、**これもリーダーの重要な仕事だと覚悟を決めて、しっかりと対応**してあげてください。

　ここでおざなりな対応をしてしまうと、メンバーからの信頼を失い、リーダーとして当てにされることもなくなり、普段の仕事でも、精いっぱい頑張ってもらえなくなることでしょう。

☑ 相手が話している最中は、途中で口を挟まない

　メンバーの相談を受けるときに大事なことがあります。それは、**メンバーが話しているときに途中で口を挟まない**ことです。

リーダーとなった優秀なあなたからすると、

- **悩むほどのことではない**
- **解決策は見えている**

と思うような相談内容もあり、つい話を遮ってアドバイスをしてしまいたくなるかもしれません。しかし、それは悪手です。

☑ 相手にしゃべり切ってもらう2つのメリット

相談はしゃべり切ってもらうことが大切です。相手が吐き出し切らないうちにアドバイスをすると、相手の心にはモヤモヤが残ったままになります。たとえそれが、的確なアドバイスであってもです。

悩みがあるということはストレスがあるということ。話を聞くことで、そのストレスを発散させる効果もあるのです。

また、しゃべり切った時点で、8割方、本人が解決の糸口を見つけています。すると、**リーダーから助言されたのではなく、自分で解決策を見つけられた**、と思えるので、**メンバーが主体的に解決に向けて動くことができる**のです。

自分も通ってきた道だからこそ、つい話を遮りたくなりますが、ぐっと我慢して、まずは聞くことに徹しましょう。

相手が話している最中は、 口を挟まず全力で聞く

03 「傾聴」で信頼関係を構築する

　　良好な信頼関係は、良好なコミュニケーションから構築されます。なかでも効果が高いとされているのが**「傾聴」**です。

　　傾聴は、もともとはカウンセリングの世界で使われてきたコミュニケーション技法の一つですが、ビジネスにおいても信頼関係の構築に有効だとして、活用される場面が増えています。

✓ 相手の「理解を深める」ために聴く

　　傾聴とは、**「相手の話に関心を持ち、共感を示しながら聴く」**ことをいいます。似たような言葉に「ヒアリング」がありますが、こちらは**「事実」を的確に聞き出す**ことに主眼があり、相手のことを理解しようとするものではありません。

　　傾聴をするときのポイントは、以下の７つです。
❶相手の話に積極的に興味を持ち、真剣に受けとめる
❷相手の主張や感情に寄り添い、共感する
❸表情などの非言語的なサインを見逃さない
❹話を要約することで、自分が理解していることを伝える
❺自分の意見や先入観を排除して、客観的に受けとめる
❻会話中に沈黙が生じても焦らずに待つ
❼質問で深く掘り下げて、より深く理解する

　　具体的には、
「うんうん、なるほど」
「それで、どうなったの？」
「そうか、もう辞めたいほどなんだね」

「もう少し、詳しく聞かせてくれる？」

　などといった言葉がけで、メンバーの発言を促し続けます。

　自分主導とならずに、必ずメンバーが主となるようなコミュニケーションをすることが大切です。

☑ 持論を挟まず、100％相手を肯定する姿勢で聴く

　傾聴は難しいと感じている人が多いと思います。なぜなら、**メンバーの話を聴いているときに、メンバーの発言内容に対して、自分の頭の中で、賛否の考えがグルグルと巡ってしまう**からです。

　例えば、

「仕事量が多くて、定時で終わりません。残業ばかりでつらいです」

　とこぼすメンバーに対して、

「それは、あなたの仕事の段取りが悪いからでしょ？」

　といった考えが頭の中をよぎって、共感どころではなくなってしまう。しかし、それを口に出してしまっては、信頼関係を構築する傾聴は成り立ちません。あくまでも、**メンバーの意見に共感し、真摯に受けとめる**必要があります。

　また、質問を重ねることで深く理解することが大切です。その結果、問題解決や信頼関係の構築にもつながるのです。

　傾聴では、**自分の意見を通したり相手の意見に反論したりしてはいけません。**

「私は○○してたけどね」

「そんなのみんな同じだから、気にしないほうがいいよ」

　このような発言は絶対 NG です。頭を一瞬よぎったとしても、口に出してはいけません。

　まずは**持論を捨て、100％相手を肯定する姿勢で聴く。**これが傾聴の第一歩です。

04 健全で強いチームを作る「1 on 1」コミュニケーション

　メンバーとのコミュニケーション手法で、近年、その効果が注目され、取り入れる企業も増えているのが「1 on 1」です。

　1 on 1 は、普段、仕事をする中でのコミュニケーションとは少し違うコミュニケーションとして位置づけられています。

☑ 業務から離れて、メンバーの悩みや将来について話し合う

　1 on 1 では、**リーダーとメンバーが一対一で、メンバーの成長やキャリアをテーマに話をします。** あえて普段の仕事から離れて話す場を持つということに意味があります。

　日常業務とは切り離したコミュニケーションの場を設けることで、普段は話しにくいような悩みを聞いたりして、メンバーのメンタル面での不安要素を解消したりもします。

　例えば、突如として大きな問題になるのが「メンバーの退職問題」です。何の前触れもなく、ある日突然、「会社を辞めます」と言ってくる。1 on 1 では、そうした空気を感じ取って、未然に防ぐ可能性を高められます。メンバーのためだけでなく、**健全で強いチームを作るためにも必要なコミュニケーション**です。

　所要時間は、1 回あたり 15 〜 30 分で、週 1 回、2 週間に 1 回、月に 1 回など、定期的に実施するのが基本です。**時間とタイミングを決めて、予めスケジュールを押さえておく**ことをおすすめします。

　そうしないと、日常業務に追われて 1 on 1 の優先度が下がってしまい、結局は実施されないまま形骸化してしまうからです。

✓ 気恥ずかしさは、慣れる以外の特効薬はない

　1 on 1は二人きりで会話をする場なので、新人リーダーには、ちょっと気恥ずかしいかもしれません。かくいう私も、メンバーとの初めての1 on 1は少し緊張します。何を話そうか、何から聞こうか、などと考えてしまいます。

　その気恥ずかしさや緊張も、回数を重ねることで徐々に薄れます。まずはやってみる。そして意識して継続させていきましょう。

　気恥ずかしさを乗り越えるために、以下に1 on 1での会話のテーマをいくつかご紹介します。何事も、型があると気が楽です。この中からピックアップして、会話をスタートさせてみてください。

- 業務で悩んでいること
- 働き方について考えていること
- リーダーである自分に希望すること
- 今の仕事でチャレンジしたいこと
- 自身の強みや長所として認識していること
- 今の業務でやりがいを感じていること
- 将来的なキャリア目標

ぜひ、有意義な1 on 1をめざしましょう。

こんなに違う「1on1」と「通常のコミュニケーション」

1 on 1

- キャリアの相談
- 働き方の相談
- 将来の目標
- 職場の人間関係　…etc.

通常のコミュニケーション

- 目の前の仕事のこと
- 報告・連絡・相談（ホウレンソウ）

05 ひとクセあるメンバーとの コミュニケーション

　ひとクセあるメンバーといえば、誰しも頭に思い浮かぶ人物がいるでしょう。我が強かったり、自立心や自尊心が高かったり。優秀ではあるけれど、チームプレーが苦手なメンバー。リーダーとなったあなたに嫉妬心を持っているメンバー。そんな人に対して、いいイメージを持つことはもちろん、普通に接することができるという人は少ないと思います。できれば、なるべく接触を避けたい相手ですよね。そのようなメンバーとのコミュニケーションは、少しエネルギーを使います。

「嫌だなぁ、あの人とはあんまり話したくないなぁ……」
　私からアドバイスすると、こういう思いを押し殺す必要はありません。だって嫌なんですから。**自分が相手に対して、苦手意識を持っていることを素直に認めましょう。**
　しかし、だからといって、避け続けることもできないので、リーダーとしてはこのようなメンバーとも**一定のコミュニケーションを取らないと**いけません。

☑ ひとクセあるメンバーへの対処法、4パターン

　クセのあるメンバーとのコミュニケーション・アプローチには、次の4つがあります。

❶ 迎合する
　これはひたすら相手に合わせる、まさに腫れ物に触るようなコミュニケーションです。相手が不機嫌にならないように、あまり突っ込んだ会話をしないようにと、本当に表面的なコミュニケー

ションにとどめるやり方です。このアプローチを取る相手は、毒にも薬にもならないようなメンバーか、こちらが折れてまで活躍してほしいほどの高いスキルを持ったメンバーのどちらかです。

❷ 毅然とした態度で臨む

クセのあるメンバーの動きが、他のメンバーやチーム活動に悪影響を与えることがあります。この場合は、早急に何とかしないといけません。

そこで、そのようなメンバーには、**リーダーというポジションを前面に押し出して、毅然とした態度で臨みます**。ここは**リーダーとしての頑張りどころ**となるでしょう。

❸ 上位リーダーの力を借りる

どうにも自分の手には負えない、というメンバーもいます。

そういうときは上位リーダーの力を借りましょう。**より格上のリーダーの力を借りて動かす**というのも、有効な作戦の一つです。

❹ 極力、コミュニケーションを減らす

これは、本当にどうにもならない場合の、最後の手段です。**コミュニケーションの機会を最低限に絞って、自分の心が折れてしまわないように対策を打ちましょう**。ただし、これは、あなた自身のメンタルを守るためです。

クセのあるメンバーとのコミュニケーションは本当に骨が折れるもの。何とかしないと、と思い悩んでいると自分のメンタルがやられてしまいます。そうなっては元も子もありません。**あなたのキャリアを、そんなことで潰されないようにしてください。**

自分自身に過剰に負荷がかからないようにするためには、ある種の割り切りも大切です。どの対処法で臨むかは、相手の出方によって決めましょう。

06 年上メンバーをうまく マネジメントするには？

　１年目リーダーにとっては、**年上メンバーとのコミュニケーショ**ンも大きな悩みの種となります。

　私も入社３年目の20代で、システム開発のプロジェクト・マネージャーを任されたのでよくわかります。そのときのメンバー20人ほどの中には、30代、40代の年上メンバーが何人かいました。

　当時は、「仕事をお願いしづらいな」「自分の言うことを聞いてくれるだろうか？」「こんな若造に言われて、内心ムカついているのではないだろうか？」……など、様々な思いがよぎったものです。

☑ 年上メンバーには、気持ちよく仕事をしてもらう

　リーダーの仕事を全うするためには、**仕事上のリーダーという役割と年齢的な上下は分けて考えなければいけません。**

　年上なので気を遣う、やりにくいという感情と、リーダーとしてのやるべき業務は別次元のものと、すっぱり割り切りましょう。

　メンバーに仕事を振る、ミッションを与える、などの**アサインは、年上であっても他のメンバーと同等**にします。

　その上で、**コミュニケーションの部分に関しては、年上メンバーとしての敬意や気遣いを忘れないように**しましょう。

　基本スタイルは、「**リスペクトする**」です。若手のリーダーが年上のメンバーに接するときは、こういう対応をしておけば、まず間違いはありません。

　こちらが年上メンバーに対していろいろな感情があるのと同様、相手もまた、年下のあなたに対していろいろな感情があるはずです。ポジティブな感情を持っている人は、ほとんどいないでしょう。

そして、まだまだ発展途上の若手リーダーであるあなたよりも、**相手のほうが、スキルも経験も豊富なはず**です。

ということは、年上メンバーに気分を害されてしまっては、この先リーダーとしての仕事が立ち行かなくなることもあり得ます。

ですからとにかく丁寧に接し、気持ちよく仕事をしてもらいましょう。「すみません、いろいろと教えてください」と、**素直に自身の力不足を認めて、頼りにしてしまう**のも一つの手です。

☑ 経験と実績を重ねれば、年の差は凌駕できる

一方、年上メンバーに対しても遠慮することなく、他のメンバーと同じように接することができるリーダーもいます。しかし、彼らのほとんどは経験を重ね、マネジメントスキルも高いリーダーです。リーダーとして、自他ともに認めるほど十分な実績を積んでいるからこそのコミュニケーションスタイルともいえるでしょう。

私自身も、年の差を気にすることなくコミュニケーションが取れるようになったのは、30代半ばくらいからでした。

ただし、その場合も、横柄であったり、生意気であったりしてはいけません。**年長者への礼節はわきまえた上で、リーダーとしての役割を全うする、**ということが大切です。そこを見誤るとメンバーからの反発を生み、チームがうまくいかなくなります。

年上メンバーとのコミュニケーションは「リスペクト」を持って

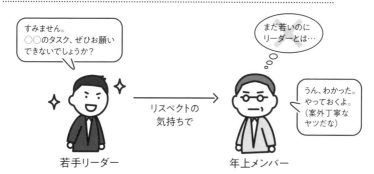

07 メンバーのプライベートや 家庭事情を考慮する

「家族あっての仕事です。家庭を優先してください」

　私が社会人6年目のときに、先輩リーダーにかけられた言葉です。今でも私のリーダーとしての軸を形成している言葉で、どんなときも、この精神を大切にしたいと思っています。

☑ 忙しくてもメンバーの事情を考慮できるゆとりを持とう

　どういう状況でいわれた言葉だったかを振り返ると、当時、プロジェクトが大きな節目を迎えるタイミングに、個人的な事情が重なり、どうしても数日、仕事を休まなければいけなくなりました。

　そこで、冒頭の先輩リーダーに事前に相談をし、休暇をもらうことにしたのです。

　ところが、事情を知らない別のチームのリーダーが、

「なんでこんなときに休んでんだよ！　みんな頑張ってんだよ」

　と、休み明けの私に文句を言ってきたのです。

　先輩リーダーは、すぐさま間に入って、その場をとりなしてくれました。そのときに私に言ってくれたのが、冒頭の言葉です。

　この出来事は、私の心に強く響きました。実際、プロジェクトは予断を許さない状況だったにもかかわらず、メンバーのプライベートを優先させられる先輩の度量に感動しましたし、この人のために仕事をしたいと思いました。

　そして、**自分も、メンバーにこんな言葉をかけられるリーダーになろう**と誓ったものです。

　まさに、家族あっての仕事です。これは、独身者も同じで、それぞれにプライベートがあります。**それを差し置いてまで、絶対的に仕事優先であってはなりません。**現実には、仕事を優先しないとい

けない局面もあるでしょうが、メンバーのプライベートな事情も考慮してあげられるリーダーでありたいものです。

✔ リーダーが率先して、休みを取りやすい雰囲気をつくる

　例えば、有休や夏休みなどのまとまった休暇や、産休、育児休暇を取りたい、というメンバーがいるとします。このときリーダーが心がけなければいけないのは、休みを取りにくい雰囲気をつくらないことです。

「プロジェクトが大変なときに、すみません」

「こんなときに休みを取るのは心苦しいのですが……」

　と切り出すメンバーがいたら、手放しで快く送り出してください。

「大丈夫だよ、しっかり休んで。仕事のことは心配しないでね」

　と言ってあげるのです。できるだけ、休みを取りやすいチームを作る、ということを意識するといいでしょう。

　そのようなチームにするために、あなた自身が休みを取るときも

「チームが忙しいときに申し訳ないですが、休ませていただきます」

　などと言わないようにしてください。

**　リーダーが休むことに引け目を感じていたら、メンバーも休めません。休むときはしっかり休み、しっかりとパフォーマンスを出すチーム、仕事もプライベートも充実したチームを作りましょう。**

メンバーのプライベートも配慮する

プライベートも
しっかり充実
させてね

リーダー

メンバー

しっかりとした
土台があってこそ
成立する

仕事

土台

プライベート

08 メンバーの育成を意識して、仕事の任せ方を工夫する

　チームの成果を出したいなら、リーダーは積極的にメンバーに仕事を任せなければいけません。このことに異論はないでしょう。

　しかし、言うのは簡単ですが、実行するのは簡単ではありません。ここは、多くのリーダーが悩むところです。

　その理由を挙げれば、

- メンバーのアウトプットレベルが低い
- 仕事が遅く、期限内に終えられない
- 言われたことしかやらず、余計に手間がかかる

といったところでしょう。

　だからといって、仕事を任せないわけにはいきません。また、任せる以上は、メンバーに合わせて任せ方を変えなければいけません。

☑ 任せるときは相手のスキルに応じてパターン分けする

　仕事のアサインには、次の3つのパターンがあります。

❶ 1から10まで事細かく指示をする
❷ 考え方や取り組み方針を伝えて、やり方は任せる
❸ ゴールや命題だけを与えて、後はすべて任せる

これらは、メンバーのスキルや性格に合わせて使い分けます。

　まだ十分なスキルと経験がない若手メンバーには、❶のパターンで具体的に指示をしないと仕事が進まないと思いますし、メンバー自身もどう進めればいいのかわからないでしょう。

　一方、ある程度仕事ができるメンバーであれば、❷のように進め方の方向性や、その仕事に対する考え方を伝えればいいでしょう。

　さらにできるメンバーなら、ゴール設定だけをして、やり方は任せる、という❸のスタンスがいいでしょう（右図参照）。

これは若いメンバーでも、ポテンシャルと向上心に満ちた優秀人材であれば、キャリアに関係なく、❸のアプローチがいいと思います。

☑ 育成を意識して仕事をアサインする

仕事をアサインするとき、もう一つ意識しておきたいことがあります。それは、**メンバーの成長**です。

優秀なメンバーに、事細かく指示をするのは本人の成長機会を奪っているようなものです。逆に、本人の現状のスキルに比して難しすぎる仕事をアサインしたときは、ゴールだけを設定して方法を任せても成長にはつながりませんし、そもそも仕事も完了しないでしょう。

本人のスキルよりも少し難度が高い仕事をアサインすることで、仕事を通じて学び、スキルを習得して成長していくのです。

リーダーであるあなたは、**仕事をアサインすることをチーム内の単なる役割分担だと考えるのではなく、仕事を通じたメンバー育成でもある、**という観点に立ちましょう。

逆に、**成長につながらないような仕事の振り方はメンバーのモチベーションや向上心を下げかねません。**十分、気をつけてください。本章 38 ページで紹介したメンバーのタイプを考慮しながら、仕事の任せ方を変えてみるのもいいでしょう。

仕事のアサインはメンバーのスキルに応じて変える

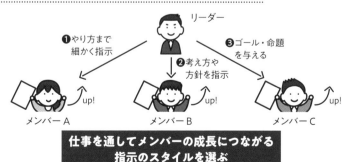

❶やり方まで細かく指示
❷考え方や方針を指示
❸ゴール・命題を与える

リーダー
メンバーA　メンバーB　メンバーC
up!　up!　up!

**仕事を通してメンバーの成長につながる
指示のスタイルを選ぶ**

09 仕事を任せるときは、「Why」から伝える

「ゴールデン・サークル理論」をご存じでしょうか。

組織コンサルタントのサイモン・シネックが提唱した考え方で、「Why（なぜ）→ How（どうやって）→ What（何を）」の順番で伝えることで共感が得やすくなる、という理論です。

メンバーに仕事を任せる場面で、この理論を応用すると、「Why（なぜ）」から伝えることでメンバーのやる気とパフォーマンスを高め、最終的な「What（何を）」を、より意味のある成果として生み出すことが期待できます。

実際、この順番で伝えると、メンバーと組織の成果を最大化するという点で、大きな効果を実感できるはずです。

例を挙げてみましょう。

☑ 仕事の説明は、「Why」から始めると理解が深まる

「来週の水曜日までに、商品Aの市場評価と売上ランキングを調べておいてくれないかな。よろしく頼むね」

と、メンバーに依頼したとします。そのメンバーは、着実に依頼事項をこなしますが、おそらくそれ以上のことはやらないでしょう。なぜなら、**Whatのみを伝える仕事の任せ方**だからです。

では、次のように伝えたらどうでしょう。

「来週の金曜日に、クライアントにうちの会社の商品のプレゼンをする予定なんだけど、**今年一番の大きな契約につながるかもしれない重要な提案なんだ。**クライアントにとっても絶対に役に立つ商品だと思うから、ここでしっかり商品のよさを伝えておきたい。

商品Aをアピールするために、市場での評価やランキングなど、

お客様に訴求するデータを集めておいてくれないかな。よろしく頼むね」

　こう依頼すると、**何のため（Why）の仕事かがわかるので、メンバーはその目的を達成できる What を考える**ようになります。

　どのようなデータをどのように整理して、どのような資料に加工すればクライアントに刺さるだろうか……。こう考える過程で、おのずと How も自分で考えるようになるのです。

　また、**今年一番の大型契約の提案に関われるということで、メンバーのモチベーションも上がる**でしょう。こうした背景を知らなければ、単に指示された作業をこなすだけになってしまいます。

☑ 「Why」を伝えると アウトプットとモチベーションが上がる

　このように、**「Why」から伝えると、メンバーのアウトプットとモチベーションの両方を押し上げることができます。**

　伝え方をちょっと変えるだけで、メンバーとチームのパフォーマンスが大きく変わりますので、ぜひ、今日から試してみてください。

「ゴールデン・サークル理論」を使って仕事を任せる

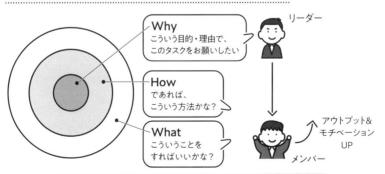

10 仕事を任せたら 「チェックポイント」を刻む

　メンバーに仕事を依頼して、1週間後に出てきたものを見たら、及第点を下回るクオリティだった。時間もないので、結局、自分が最初からやり直す羽目になった……、という経験はないでしょうか。

　仕事に慣れていない若手メンバーや、スキルの低い人に依頼すると、こういう結果を招きやすくなります。また、仕事のアサインに慣れていない1年目リーダーが引き起こしがちな事態でもあります。

　仕事は、依頼する側とその依頼を受ける側がいて、どちらか一方の仕事ぶりがまずいと、いい結果にはなりません。こうした事態はできるだけ避けたいところですが、ゼロにするのも難しいでしょう。

✓ 回復可能な段階でチェックすれば、大事故を防げる

　このようなことを未然に防ぐための解決法が「**チェックポイント**」を設けることです。メンバーに任せた仕事が予定通り進んでいるかどうか、**途中段階で何回かに分けて確認する**のです。

　チェックポイントでは、**自分が依頼した内容に沿った仕事をしているか、依頼した期限までに完了できそうか、**などを確認します。

　たとえ間違いがあったとしても、早めに気づけば早々に軌道修正ができますが、締め切り前ギリギリで気づいたら、大きな手戻りとなってしまい、取り返しがつかないこともあります。

　何かミスがあっても回復可能な段階で、早めに軌道修正をかけることで大事故を防ぐのがチェックポイントを設ける目的です。

　チェックポイントは、**メンバーのスキルに合わせて、実施のタイミングとそのチェックレベルを変えましょう。**

　確実に仕上げてくる優秀なメンバーであれば、途中段階のチェッ

クはそれほど必要ではありません。むしろチェックポイントを入れなくても問題ない場合もあります。

逆に、**若手メンバーや仕事内容について経験が浅いメンバーに対しては、まずは初期段階でチェックして、方向性をすり合わせておく**のがいいでしょう。

✓ セットアップをメンバーの役割にして、実施漏れを回避

確実に運用するために重要なのが、**チェックポイントのセットアップをメンバーの役割にする**ことです。実施のタイミングを決めるのはリーダーですが、その場をセットアップするのは、メンバーの業務にします。

例えば、「次のチェックポイントは金曜日にしよう」と決めたら、「時間と場所の設定はしておいてね」と伝えたり、「金曜日の夕方に、できたところまで持ってきてね」と指示したりして、次のアクションのバトンをメンバーに渡します。

そうしないと、たくさんのタスクをこなしているリーダー自身の仕事を増やすことになりますし、他のメンバーのチェックポイントもあるので、忘れてしまう可能性があります。

チェックを受ける側であるメンバー自身の主体性を高める意味でも、必ずメンバーにセットアップさせるようにしましょう。

途中段階でチェックを刻めば、事故を防げる

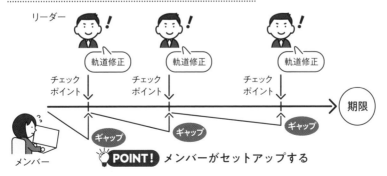

11 「任せる」ことは 「放置する」ことではない

　「メンバーに仕事を任せている」と言いながら、実際のところは「放置」しているだけのリーダーは少なくありません。

　「田中さん、この仕事はあなたに任せますね」
　と田中さんに任せた後、期限までの間、あなたはどうしているでしょうか？
　あるいは、その仕事が期限に間に合わなかったり、失敗に終わったりしたとき、どういう言葉をかけるでしょうか。
　「任せていたのに、なんでこんな結果になったの？」
　と言ってしまっては、リーダー失格です。
　では、仕事を「任せる」のと「放置する」のでは、何がどう違うのか、考えてみましょう。

☑ 「任せる」と「放置する」の決定的な違い

　「任せる」ことと「放置する」ことの大きな違いは、**「責任」がどちらにあるか**、です。
　仕事を任せたのはあなたです。ということは、**うまくいかなかったり、問題が発生したりした場合の結果責任は、あなたが負わなくてはなりません。**

　「なぜ、問題が起きる前に相談をしてこなかったんだ？」
　「君に任せたんだから、問題の対処も自分でしてくれ！」
　というのは、リーダーとしての責任を放棄する言葉です。
　それは、何か問題が発生したときに前面に立たずに、責任逃れしたくなるリーダーの心理から出てくるものだと思います。

しかし、リーダーがそのような姿勢では、メンバーはついてきません。問題があったときに見放されてしまうと、梯子を外されたと思うかもしれません。

「任せる」と「放置」の違いを整理すると、次のようになります。

　　任せる ＝ リーダーの責任でメンバーに仕事を託すこと

　　放置する＝ メンバーの結果に責任を取らないこと

☑ 任せ方の基準は「安心」と「育成」のバランスを取る

　仕事の結果は、リーダーが責任を持たなければいけないとなれば、どのようにメンバーに仕事を任せればいいでしょうか。

　それは、**自分が安心できるような仕事の任せ方をする**、ということです。若手メンバーであれば、方針を決めてあげたり、逐一指導をしたり、ということが必要になるでしょう。一方、かなり優秀なメンバーであれば、結果を待っているだけでも問題はないでしょう。

　このように、メンバーのスキルに合わせて前項の「チェックポイント」を設定すればいいのです。

　ただ、心配だから、不安だからといって、**細かくチェックしすぎてもいけません。**それをしてしまえばメンバーは育ちません。

　自分自身の不安／安心と、メンバー育成の両方のバランスを考えて仕事を「任せて」ください。

「任せる」と「放置」の違いは責任の有無

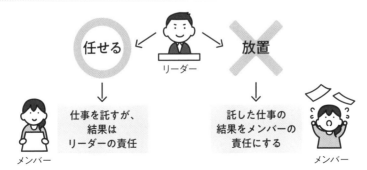

12 ティーチングで育て、コーチングでさらに伸ばす

メンバー育成のアプローチには、「コーチング」と「ティーチング」という2つの手法があります。非常に重要な考え方なので、知識として理解し、積極的に現場で実践していきましょう。

☑ 「ティーチング」とは手を引っぱってあげること

ティーチングというのは、ティーチ（Teach）という言葉からも連想されるように、「教える」ということです。

リーダーがメンバーに答えを与えるような指導方法を指します。そのものズバリの答えでなくとも、答えの出し方を具体的に教えるとか、知識とやり方を直接的に教えるのがティーチングです。

ティーチングが適しているのは、相手が若いメンバーやその仕事を初めてやるメンバーの場合です。**どうしていいかわからない、というメンバーに対して、ティーチングをしてそのスキルの土台を作る**のです。

しかし、ティーチングにはデメリットもあります。それは、メンバーの**主体性がなくなり、モチベーションも下がりがちになる**こと。ネガティブにいえば、ティーチングとは、あれやこれやと、箸の上げ下ろしまで細かく指導するようなものだからです。

ある程度、仕事ができるようになったメンバーにこれをしてしまうと、マイナスの影響を与えることもあります。

いつまでも「リーダーが言う通りに仕事を進めよう」と、受け身になったり、「そんなに細かいことまで口出ししてこなくてもいいのに……」と、ストレスになったりします。

実際には、メンバーのすべての仕事についてティーチングをする

のは時間的にも限界がありますし、メンバーの成長を促して自律性を高めるためにも、コーチングとの使い分けが重要になります。

☑ 「コーチング」とは背中を押してあげること

一方のコーチングは直接的な答えを与えません。ヒントを与えて、メンバー自身に答えを見つけさせるのです。リーダーは、問題解決のヒントを与えるようにサポートをします。

主体はメンバーにあり、リーダーはサポーターのスタンスで、あくまでもメンバーに考えさせ、自らで解決することを促します。

そうすることで、メンバーが自分自身で答えを導き出すことになり、その経験で大きな成長へとつながるのです。

ただしこれは、時間がかかる育成アプローチなので、緊急性が高いときには適しません。また、**スキルと経験値が十分でないメンバーにコーチングをしても、成長にはつながりません。**答えを見つけることができずに迷子になってしまうからです。

メンバーのスキル・経験値を十分に見極めて、ティーチングとコーチングを使い分けていきましょう。

メンバーのレベルに合わせて育成方針を決める

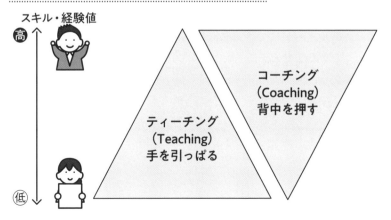

13 頑張ったメンバーはきちんと評価する

一般的に、仕事の評価基準は「成果」の有無や、その大小です。**頑張ったかどうかではなく、しっかりと成果を残せたか。**これが仕事ぶりを評価する観点です。

極論をいってしまえば、必死に頑張らなくても成果が出ていればよく、逆に、いくら頑張っても成果が出なければ、その頑張りは評価対象にはなりません。

しかし、これはあくまでも**「一般論」**です。

あなたは1年目リーダーです。チームのメンバーはまだまだ成長過程の人材ばかりだとすれば、そのようなメンバーが頑張らずに成果を出すことはありません。そして、頑張ったからといってすぐに成果が出るとも限りません。

✓ 結果が出ない「頑張り」や目に見えない「努力」も評価する

若いメンバーは「頑張る」ことがとても大切です。**頑張らなければ、スキルアップはできませんし、ましてやキャリアアップなど望むべくもありません。**

ですから、チームメンバーの中でも、特に若いメンバーが頑張ったときには、その事実はきちんと評価してください。

一方で、楽をして成果を出すようなメンバーもいます。周りから見ると必死さが足りなかったり、サボって楽をしているように見えるかもしれません。

しかし、リーダーが見るのは表面的なところではありません。そのメンバーは、いかに楽をして成果を出せるか、ということを「真

剣」に考え、考え抜いた結果、**楽をするために、仕組みを整えたり、ムダを省いたりすることに「頑張った」**のです。

こうしたメンバーの裏側の努力も、しっかり評価してください。

✓ アピール上手のメンバーに惑わされない「眼力」を養う

ただし、本当に手を抜いて楽をしているメンバーがいるのも事実で、そのようなメンバーを評価してはいけません。

表面的な仕事だけをして、中身のない仕事をするメンバーもいます。サボりながら楽をしつつも、リーダーに対してはうまくアピールをしたり、表面的なところだけきれいなアウトプットを出したりするのです。

そういったメンバーは同僚メンバーの中では、

「彼／彼女は適当な仕事をして、表向きだけいい顔をしている」

と思われています。

そのようなメンバーをあなたが間違って高く評価してしまうと、**あなた自身が「人を見る目がない」ということになり、リーダーとしての評価を落としてしまいます。**

メンバーが手を抜いていないかどうか、しっかり見極める眼力を養いましょう。

リーダーはメンバーの途中の「頑張り」も評価する

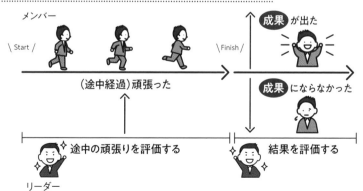

14 メンバーのキャリアを作る

　メンバーのスキルや経験を上げる方法を述べてきましたが、スキルや経験値を上げることが社会人としてのゴールではありません。

　いくらスキルが上がって、経験と実績を積んだとしても、**処遇で報われなかったら、本人にとってその成長に意味はない**のです。

☑ メンバーの活躍を、しっかり会社にアピールする

　メンバーが会社からいい評価を得てランクアップし、昇進し、昇給もかなえる——その支援をするのはリーダーの大事な仕事です。

　とはいえ、プロジェクトやタスクのリーダーで、人事権を持っていないリーダーもいるでしょう。でも、大丈夫です。人事の権限は持っていなくても、メンバーの仕事ぶりを直接見ているリーダーとして、あなたは評価や昇進に対して大きな影響力があります。メンバーの評価を自分の上司に伝えたり、評価会議の場でコメントを伝えたりすることはできるのではないでしょうか。

　評価・昇進は、自分の組織／チーム内だけで決めることはまずなく、横並びの組織／チーム間で総合的に判断されることがほとんどです。つまり、**メンバーが目覚ましい活躍を見せたとしても、リーダーがその活躍を評価の場でしっかりとアピールしてあげないと、他の組織のメンバーに評価で負けてしまう**ということ。

　従って、ここはリーダーであるあなたがしっかり頑張って、成果を上げ、成長したメンバーにそれに見合う評価と処遇を「勝ち取って」ください。**これはリーダーにしかできない大事な役割**です。

　大して活躍もしていない隣のチームのメンバーのほうが高い評価

をもらった、などということがあってはいけないのです。

　メンバーは成長させてくれる人、ランクアップをしてくれるリーダーの下で仕事をするほうがいいに決まっています。

　このリーダーのチームで仕事をすると、自分のスキルも高まるし、キャリアアップにつながるとなれば、メンバーのモチベーションが上がり、チーム力の向上にもつながるのです。

☑ メンバーの成長に「1 on 1」を活用する

　1年間の活動をいい評価で締めくくるためには、年間を通してメンバーのスキル向上や活躍を後押しすることも大切です。

　そこで44ページでも紹介した「1 on 1コミュニケーション」を活用します。**定期的な1 on 1の中で、そのメンバーのさらに伸ばしてほしいところや、逆に、まだまだ改善の余地があるところなどをフィードバック**するのです。

　そうすることで、本人だけでは気づけないことを指摘でき、**1年という時間を、「有意義に成長する時間に変える」**ことができます。

　当然、成長して活躍をしないと高い評価は与えられないので、そこまで引き上げるのもリーダーの務めです。そうして、年間最後に他組織のメンバーの誰にも負けない高い評価を勝ち取りましょう。

メンバーのキャリアをつくるのもリーダーの大事な仕事

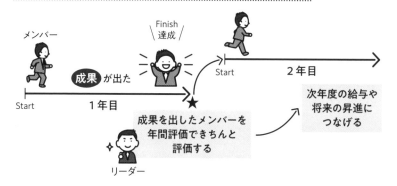

15 メンバーのメンタルケアは、リーダーの最重要任務

　これからリーダーとしてのキャリアを歩むあなたが、いずれ必ず直面するであろう問題、それが、メンバーのメンタル問題です。

　チームのメンバーがある日突然、メンタル不調で出勤できなくなったり、仕事ができなくなったりしたとします。

　このとき、「まずい！　どうしよう？　仕事の分担を調整しないといけないし、本人のケアもしないといけないし……」などと焦っているようでは、メンタル対策が後手に回っている証拠です。

☑ ダウン手前の「兆候」を見逃さない

　メンバーのメンタルケアは、リーダーの最重要任務の一つです。

　その理由は、メンバーのメンタルダウンが、チームの仕事にとって痛手になるから──ではありません。**「その人のその後のキャリアや人生に、大きな影響を及ぼすことがあるから」**です。

　メンタル問題で休職すると、メンバーのその後のキャリアに影を落としかねません。復帰に時間がかかるのはもちろん、再度似たような状況に陥ったときに、再発する可能性も高まります。

　これは、メンバーのキャリアや人生にプラスにはなりません。それだけは何としても阻止したいものです。

　あなたがリーダーとして、そのメンバーと一緒に仕事をしている時期は、長いキャリアの中のわずかな期間かもしれません。それでも、そのわずかな期間にメンバーがメンタルで不調になってしまわないように、最大限の努力をしましょう。

　そのために何をすべきかといえば、**「兆候を捉える」**ことと**「兆候が窺えたら早めに対処する」**の2点です。

☑ 「兆候」が現れたら、ストレス対象から距離を取らせる

メンタルダウンについては、個人差はありますが、よく見られる「兆候」があります。以下、私が経験したパターンを挙げましょう。

- 仕事でミスが多くなり、パフォーマンスが落ちる
- 会話の反応がいつもより鈍くなる
- 伏し目がちになる
- 「頭が真っ白になって考えられない」という発言をする
- 仕事の優先順位がつけられなくなる
- 遅刻や欠勤が増える
- 「最近、眠れない」という発言をする

これらの言動が見られたら、メンバーはすでにギリギリにいます。すぐに**「休ませる」「負担を減らす」「役割を変える」**など、**ストレス環境から離して**ください。本当にまずそうなときは、産業医やかかりつけの病院を受診させます。

本人に「最近大変そうだけど、大丈夫？」と聞いても、9割の人は「大丈夫です」と答えます。しかし、それを信じてはいけません。

メンタル問題は他人の目には見えない部分が大きいものです。

だからこそ、**普段からメンバーの言動をよく観察し、わずかなサインも見落とさないようにしていただきたい**と思います。

リーダーはメンバーのメンタルケアを怠ってはいけない

- ミスが増えた
- パフォーマンスが下がった
- 反応が鈍い
- 伏し目がち
- 優先順位がつけられない
- 遅刻や欠勤が増える
- 眠れないという発言　…etc.

メンバー

気になったら
早めに対処

- 1 on 1
- 仕事を減らす
- 役割を変える
- 休ませる
- 産業医面談

リーダー

16 モチベーションアップのために、動機を刺激し続ける

　メンバーの「モチベーション管理」は、リーダーにとっては永遠のテーマです。おそらく、あなたもこの先ずっと悩み続けることになるでしょう。私も、ずっと悩みながら試行錯誤を続けています。

　モチベーションを左右する要素はたくさんあり、一つの要因だけでなく、複数の要因が絡み合って影響することがほとんどです。

　そこが難しいところですが、まずはモチベーション管理の基本を理解して、その上で実践していくことが大切です。

☑ 「内発的動機づけ」と「外発的動機づけ」

　モチベーション管理で「内発的動機づけ」と「外発的動機づけ」という考え方があります。

　内発的動機づけとは、人の内面的な要因で生まれる動機づけで、

- **仕事の充実感**
- **やりがい**
- **成長やスキルアップ**
- **達成感**

などを刺激することです。

　外発的動機づけは、外部からの働きかけで生まれる動機づけで、

- **昇格**
- **給与**
- **称賛**
- **懲罰**

などを刺激することです。

これらを刺激することで、モチベーションの変化が起こります。

例えば、**新しいタスクに挑戦することでやりがいを感じ、そこで
スキルアップをすることで、内発的動機が刺激**されます。さらに、
**メンバーの活躍を評価して給与がアップされると、外発的動機が刺
激**されます。これらによってモチベーションが上がるのです。逆に、
同じような単純作業ばかりが続くと、モチベーションは下がります。

☑ 動機の刺激は、内発的／外発的の併せ技で考える

外発的動機づけは、リーダーや組織から与えられるものです。

一方で、内発的動機づけは、本人の内面的な資質に委ねられるも
のと誤解されがちですが、これも外発的動機づけと同じく、リー
ダーがきっかけを与える必要があります。

すなわち、やりがいを持てる仕事、スキルアップにつながる仕事、
充実感や達成感を得られる仕事などを与えるのです。**いつまでたっ
ても同じ仕事ばかりで、新しいチャレンジや学びがなければ、内発
的動機は刺激されません。**

つまり、リーダーはメンバーのモチベーションが上がるように、
刺激となるものを与えなければいけないのです。そして、それはど
んな要素であっても、一定期間がたつと慣れてしまい、効果が薄れ
てくるので、新たな刺激を与える必要が出てきます。

しかし、昇格や給与などで外発的な刺激を与え続けることは、現
実には不可能です。そのため、**新しい役割やタスクなどでモチベー
ションを維持・向上させ、時折、昇格や昇給でもモチベーション向
上を図る、という併せ技**で考えましょう。

また、メンバーによっても、強く刺激を受ける要素が違いますし、
同じメンバーでも時期や経験年数、家庭を持つといった環境の変化
によっても変わります。メンバーを観察しながら、内発的／外発的
のどの要素に対して刺激を与えるか、見極めることが大切です。

17 「褒める」はリーダーの必須スキル

「やってみせ、言って聞かせて、させてみせ、褒めてやらねば、人は動かじ」

これは、太平洋戦争開戦時の連合艦隊司令長官であった山本五十六（いそろく）が残した有名な言葉です。

また、脳科学的には、褒められると快感を与えたり、やる気を向上させたりする「ドーパミン」や、リラックス効果のある「セロトニン」などの脳内物質が多く分泌されるとされています。

数々の研究でも、「褒める」ことが人の能力を伸ばす効果が高いことは実証済みです。

☑ 上手な「褒め方」3つのポイント

しかし、褒めるといっても、闇雲に褒めるのはいただけません。褒め方にもポイントがあります。

❶何でもかんでも褒めない

普段から、些細なことまで何でも褒めていると、効果がなくなります。わざとらしく聞こえますし、**褒めすぎることでメンバーから「適当に褒める人」と思われてしまい、逆効果**です。

❷他人と比較して褒めない

「Aさんよりもしっかり仕事をして、成果を出してくれてるね」などのように、**他人と比較して褒めることも避けましょう。**メンバー同士を比べて評価しているんだ、と思われますし、比較したAさん本人にも伝わる可能性があるからです。リーダーに対して、不信感を持たせてしまいます。

❸メンバーの努力・頑張りを褒める

たとえ、仕事の結果がよくなかったとしても、そこに至るまでにメンバーが努力をしていたならば、その努力を褒めましょう。

仕事は結果で評価されますが、時の運に左右されるものです。

途中のプロセスを褒めることはメンバーのモチベーションにもなりますし、自分のことをしっかりと見てくれているのだ、というリーダーの評価にもつながります。

☑ 「褒める」は克服の価値がある、リーダーの必須スキル

もともと私は、褒めることが得意ではありませんでした。

今でも苦手意識があるので、他のどのリーダースキルよりも「褒める」は人一倍、意識的に心がけています。

こう言うと、得意でないなら無理して褒めなくてもいいのでは、と思うかもしれません。しかし、**褒めることはメンバーを育成してチームを強くするためには、必須のスキル**です。

リーダーから褒められて落ち込むメンバーはいません。プラス効果はあっても、マイナスが見当たらないのであれば、**積極的に褒めポイントを見つけて褒める**べきでしょう。

たとえ苦手意識を持っていたとしても、「褒める」は克服する価値がある、リーダーの必須スキルだと思います。

人は褒められるほうが伸びる

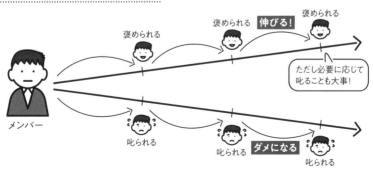

18 「自分で決める」から成長スピードが上がる

　どんなに小さな仕事でも、メンバーに任せた仕事はメンバー自身が「決める」という機会を作るようにしましょう。

　例えば、資料作成をメンバーにお願いしたとします。そのとき、

「どのようなページレイアウトにすればいいでしょうか?」

と相談されたら、

「まずは自分でレイアウト案を考えてみてください」

と、自分で決めさせるのです。

　すると、メンバーは誰向けの資料なのか、何を伝えたいのかなど、内容を踏まえてレイアウトを考え始めます。この**「考える」という****プロセスが、メンバーの成長には何より大事**なのです。

✓ メンバーが成長すれば、リーダーは楽ができる

　「メンバーが考える」というプロセスを設けることなく、「このようなレイアウトで作ってください」と指示してしまうと、メンバーは単に「作業」として、言われた通りの仕事をしてしまいます。

　自ら考え、決めるというステップを踏むのか、リーダーに指示された通りに作業をこなすのか、この違いは後々、ビジネスパーソンとしての成長スピードに大きな差を生むことになります。

　小さなことからでいいので、メンバーには早い段階から自分なりに考えて決める、という経験を積ませるようにしましょう。

　その上で、万が一、メンバーの決めた案がよくなかったら、そのときはアドバイスをすればいいのです。

　これはメンバーが成長するだけでなく、チーム全体の成長にもつ

ながり、ひいては**リーダーが楽になる**ことにもつながります。

　リーダーが忙しくなる理由の一つとして、メンバーが大小様々な仕事の判断を仰ぎにきて時間を取られる、ということがあります。自分で決断できないメンバーが、リーダーに相談にくるのです。

　その相談の一つひとつを、メンバーが自分で考えて決めることができるようになれば、リーダーへの相談の回数は圧倒的に少なくなるはずです。

　そうすれば、**リーダーはもっと本質的な仕事に自分の時間を費やすことができる**ようになります。チーム全体の生産性を考えれば、こちらのほうがはるかに有意義ではないでしょうか。

✓「どうすればいいですか?」には「あなたはどう思う?」と返す

　よく「うちのメンバーは自分で判断ができないんだよね」とぼやくリーダーを見かけますが、それは単に、**リーダーがトレーニングをさせていないから**です。つまり、自らの指導力不足を露呈させているに過ぎません。

　どんなに些細な仕事でもいいので、メンバーには自分で考えて決めさせる、という経験を繰り返し積ませるようにしましょう。
「どうすればいいですか?」
　と聞かれたら、逆に
「あなたはどうすればいいと思う?」
　と、聞き返すだけでも違います。
　すると、メンバーは自ら考えなければいけなくなるからです。
　これを繰り返していると、リーダーが投げかけなくても自然とメンバー自ら、考えるようになります。
　メンバーの成長機会とは、このようにリーダーが率先して作っていくものなのです。

19 「ストレッチ・アサイン」で チームとメンバーを成長させる

本人の現状スキル、実力レベルでは少し難しい仕事を与えること を「**ストレッチ・アサイン**」といいます。少々無理をして、背伸び をするような仕事をさせることで、本人のポテンシャルを引き出し、 急激な成長を促します。「立場が人を成長させる」という言葉があ りますが、それと同じです。

この反対で「適材適所」という仕事のアサインもあります。これ は、チームの成果を最優先に考えた仕事の割り振り方です。

✓ 「ストレッチ・アサイン」でチームを強くする

ストレッチ・アサインでは、メンバーの育成を意識します。

例えば、新規サービスの立ち上げリーダーにアサインしたり、状 況がよくないチームの建て直しにアサインしたりなど、あえて困難 な仕事にアサインします。

すると、**本人にとっては簡単にできる仕事ではないので、新しい 知識を学んだり、どうやったらうまくいくだろうかと自ら考えたり** するようになります。これにより、**問題解決力が向上し、突破力を 身につけさせる**ことになります。

このように課題を打破する力や、新しい領域を開拓できる力をつ けたメンバーが増えると、チームは強くなり、リーダーであるあな た自身が頼りにできるメンバーが増えることになります。

Growth and comfort do not coexist.
——成長と快適さは共存しない

これは IBM の CEO を務めたジニー・ロメッティの言葉です。仕事が楽で、苦しさを感じていないとき、人は成長をしていません。逆に、**チャレンジングな仕事で、不安や苦しさを抱えながら取り組んでいるとき、その人は確実に成長している**のです。

☑ 「ストレッチ・アサイン」2つの注意点

メンバーにストレッチ・アサインをするとき、気をつけたいことがあります。

それは、

- **難しすぎる仕事は逆効果**
- **アドバイスをしすぎない**

の2点です。

現状の実力からあまりにもかけ離れている仕事は、成功につながらないばかりか、本人のモチベーションも保てません。また、親心のつもりでアドバイスをたくさんしすぎると、結局は言われた通りにやるだけになり、これまたメンバーの成長にはつながりません。

チャレンジングな仕事を達成すべく、もがくことで人は成長するのです。すなわち、メンバーの実力を正しく把握してこその育成方法ということです。

「ストレッチ・アサイン」でメンバーを育てる

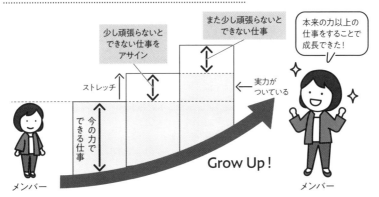

20 「説明」の機会をたくさん与える

メンバーには日常のいろいろな場面で「説明／プレゼン」をさせるようにしましょう。

例えば、あなたが客先や上層部の会議に参加することになったとして、事前に「○○部分の説明を、君にお願いするから」と言われたらどうでしょうか。

とたんに身構えてしまうでしょう。

「説明しないといけない」状況になると、時間の限り下調べをしますし、プレゼンの準備もします。そして、その時が近づくにつれて緊張もするでしょう。**これが成長につながる**のです。

一方、「参加するだけでいいから」となったら、成長の機会はゼロになってしまいます。

✓ 「説明機会」は「成長機会」でもある

私自身は、メンバーにはどんどん説明やプレゼンの機会を与えたほうがいいと思っています。

しかし、「彼／彼女には、まだ早いから」と言って若手メンバーに説明の場を与えないリーダーは珍しくありません。背景にあるのは、クライアントの前で失敗したら取引に響くとか、説明はリーダーの仕事だから、という守りの考えです。

確かに、それも一理あるでしょう。

ただ、そのような理由で一切メンバーに説明させないのは、**成長の機会を奪うことになります。**

失敗が許されないプレゼンであれば、任せられないかもしれませんが、そうでないならば、どんどんメンバーにチャレンジさせましょう。

☑ 失敗しそうになったら、すかさずフォローする

　ここで気をつけたいのは、**説明に窮したら、そのタイミングでフォローする、**ということです。あまりの緊張で説明がしどろもどろになり、何を言っているのかわからないようでは、貴重な会議の時間もムダになります。また、ただ場馴れしていないだけなのに、この人はスキルの低いメンバーだ、と評価を下げてしまうような失敗は絶対に避けましょう。

　リーダーが途中でフォローをすることで、会議としては問題なく終わったとしても、説明したメンバー本人は、「うまくできなかった」と自覚しています。

　だからこそ、次に説明する機会を与えたら、前回の経験を踏まえて、精度を上げてチャレンジしてくれます。それが成長です。

　成長を効果的にするためには、**フィードバックが欠かせません。**「言葉遣いやジェスチャーは、もっとこうしたほうがいいね」「最後の質疑応答は、相手の聞いている点に回答できてなかったよ」など、**次につながるアドバイス**をしてあげてください。

　メンバーは、あなたの期待にきっと応えてくれます。

説明機会は成長機会

メンバー

準備
• 下調べ
• 練習
• Q&A

本番
• 緊張
• 焦り
• 想定外に対応

振り返り
• よかった点
• よくなかった点

一つの場面で多くの経験

リーダー

メンバー

成長！

21 小さな「成功体験」を積ませる

　仕事がうまくいった、という経験はとても大切です。いわゆる「成功体験」です。何かを成し遂げるという成功体験は、**自己肯定感を生み、成長を実感**することができます。**「やればできる」**という自信になり、**次へのモチベーションの向上**につながります。

　逆に、成功体験がないと、何をやってもうまくいかない、どうしたらいいのかもわからない、怖くてチャレンジできない、という負のスパイラルに陥ってしまいます。

　メンバーが自信を持ってキャリアを築いていくためにも、早い段階で成功体験を積ませるのは、リーダーの大切な仕事です。

☑ 「成功体験」を積ませるためにリーダーができること

　そのためにリーダーができることは、2つあります。

　一つは、**成果が出やすい仕事をアサインする**ことです。

　前述の「ストレッチ・アサイン」の要領で、チャレンジさせることも成長につながりますが、逆に、今の実力で結果を出せる仕事を任せて、自信をつけさせることも大切です。

　やればできる、これなら自分はできる、という自信になり、次はもっとレベルの高い仕事をやってみよう、チャレンジしてみようと奮起するようになります。

　もう一つは、「それが成功だ」と伝えてあげることです。**普通にうまくいったことでも、「よくできた、成功だ」と伝える**のです。

　伝えなければ、ただ単に仕事が終わっただけになってしまいますが、「それが成功だ」と伝えることで、本人が成功体験として認識するからです。

✓「成功」の判定はリーダーが主観で決められる

　この 2 つを意識すれば、どんな小さな仕事、小さなタスクでも成功体験にすることができます。というのも、成功体験は主観で決められるからです。**目標レベルに到達できなかったことを失敗とするのか、ゴールにたどり着けたこと自体を成功と捉えるのかは、あなた次第。**リーダーであるあなたが主観で決めていいのです。

　三日坊主という言葉があります。例えば、英語の勉強をしようと決心して、3 日は頑張って勉強したけど、続かなかったという状態です。しかし、1 週間後でも 1 カ月後でも 1 年後でも英語の勉強を再開したならば、それはもはや三日坊主ではありません。勉強を継続している、ということができるのです。

　要するに、**リーダーはメンバーの仕事に対して、成功とも失敗とも、どちらにも判定できる立場にある**ということです。

　ならば、「成功した」と言える機会を増やすほうが間違いなくいいはず。それがメンバーの成功体験となり、自信につながるのですから。さらには、ここが課題だったから、次は気をつけてチャレンジしていこう！　とアドバイスすれば、メンバーもモチベーション高くチャレンジしてくれるに違いありません。

小さな成功体験が大きな成長につながる

・できた
・やればできる
・次もチャレンジしたい

小さな成功

メンバー

積もり積もって大きな成長
＝自己肯定感も UP ！

22 転びそうなときはあえて転ばせる

　リーダーがメンバーの成長のためにアドバイスをしたり、フォローをしたりするとき、ほとんどは、その仕事がうまくいくように支援します。

　しかし、時には**あえて手助けをしない**、というやり方もあります。

☑ 失敗から学ぶほうが、アドバイスよりも価値がある

　このやり方だとうまくいかないだろうな、とか考慮が足りないからこの辺りにリスクがあるな、などメンバーよりも経験を重ねてきたリーダーなら、先の展開が読めることがあると思います。

　そういったとき、**そのまま失敗をさせて、それを成長の糧としてもらう**のです。

　あなたもこれまでいくつもの失敗をして、そこからの気づきを次に活かしてきたのではないでしょうか。

　リーダーからのアドバイス通りに、大過なく仕事を無難にこなしているだけでは、成長は限定的です。**失敗から学ぶことのほうが、はるかに意義深いこともある**のです。

　これも、メンバー育成の有効なアプローチです。

　ただ、このアプローチで気をつけておかなければいけない重要なポイントがあります。それは、**失敗しても問題ない仕事で失敗を経験させる**ということです。

　失敗しても問題ない仕事というのは、

- それほど重要でないもの
- 失敗しても、リーダーが後で対処すればすむもの

の２つです。**失敗の後処理ができる**、という点がポイントです。

☑ 転んだ後のアフターフォローまでがワンセット

リーダーが事細かに手ほどきして、その仕事がうまくいけば、メンバーはそこで教えられたことについては、学ぶことができます。

しかし、自分で考えてトライして、失敗したときには、

- **何がよくなかったのだろうか**
- **どうすればよかったのだろうか**
- **他にはどういう方法があるのだろうか**
- **先輩や他の人はどうしているのだろうか**

などと考えて、多くの試行錯誤をすることになるのです。これこそが、失敗から学ぶということです。

そのためには、失敗して転んだ後のフォローが大切です。

なぜ失敗したのか、何がよくなかったのかをメンバーと一緒に振り返りましょう。 そして、次にやるときには、どこをどうすればいいのだろうか、とディスカッションをしましょう。

あえて失敗させるときは、**このアフターフォローまでがワンセット**です。ここまでやることで、しっかりと成長への道筋がつきます。

あえて転ばせて「失敗」から学ばせる

このやり方では
うまくいかないだろうな…
でも、あえて転んでもらおう

転んじゃった！
何がいけなかった
んだろう…

**自ら考え、答えを導くことで
学びを深め、次の糧になる！**

リーダー　　　メンバー

23 「自分でやったほうが早い」を我慢する

　本章ではメンバーへの仕事の任せ方、育成の仕方を解説してきましたが、最後にリーダーが必ず直面する葛藤を取り上げましょう。

　それは、

「自分でやったほうが早い」

　という、メンバーの成長を後回しにして、短期的な成果を優先させる思考です。

☑ メンバーの成長のために、自分でやりたい衝動を堪える

　リーダーになったあなたは、優秀だからこそリーダーになったはずです。ということは、メンバーに任せる仕事のほとんどは自分で処理できますし、何なら自分でやったほうが早いでしょう。

　期限が迫っている仕事、緊急性を求められる対応、この提案は絶対に失敗できない、といった仕事になればなるほど「自分でやったほうが早い」という気持ちが出てきます。

　そのようなときに必要なことは、何でしょう？

　それは、**「我慢」の一択**です。他の選択肢はありません。

　メンバーの仕事に手を出してしまうことの問題は２つあります。

　一つは、自分のワークロードが足りなくなってしまい、そのためにリーダーとしてすべき仕事の時間が削られ、**チームとしての成果が出なくなってしまう**ことです。

　もう一つは、**メンバーが成長しない**、ということです。当たり前ですが、**誰しも新しいことにチャレンジしないことには成長はありません。その機会を、リーダー自らが奪ってしまう**のです。

　メンバーが成長しないとチームとして成果を出すことができませ

ん。ということは、リーダーのあなたも評価されません。

　最悪のケースでは、リーダーから外されてしまうでしょう。

✅ 目前の「仕事の成果」と「メンバーの成長」で迷ったら?

　とはいえ、クリティカルな局面でメンバーに任せて失敗してもそれはそれでチームとしての成果が出なかった、リーダーの責任ということになってしまいます。

　だから、リーダーの葛藤なのです。**目の前の仕事の成果とメンバーの成長のどちらを優先すべきか**、これは究極の選択です。

　しかし、まずはできるだけメンバーの育成を優先して、自分でやることはぐっと堪えましょう。どうしても自分でやらざるを得ない、となったら、メンバーにその仕事の捉え方や進め方を伝授しながら進めるのです。そんな余裕がない状況であれば、後日レクチャーするのでも OK です。

　最終的にはメンバーを育成して、あらゆる仕事をメンバーに任せていけるようにすることが重要です。それが、あなたがリーダーとして成果を出し、キャリアを重ねていくための絶対条件になります。

メンバーの成長のため、リーダーは手を出したい衝動を堪える

あ、そこは
そうじゃ
ないんだけど…

自分でやったほうが
早いんだよなー

我慢!

リーダー

メンバー

?

やれるように
なった!

成長

Check Point

☑ **メンバーのタイプを大まかに把握する**
　　☐ メンバーとのコミュニケーションは、相手のタイプに応じて変える

☑ **メンバーからの相談は「聞き切る」ことに全集中する**
　　☐ メンバーが話すことで、ストレス発散と解決糸口発見の効果がある

☑ **「傾聴」で信頼関係を構築する**
　　☐ 傾聴の第一歩は「持論を捨て、100％相手を肯定する姿勢」から

☑ **健全で強いチームを作る「1on1」コミュニケーション**
　　☐ 1on1は日常業務から離れてメンバーのキャリアや悩みを聞く場

☑ **ひとクセあるメンバーとのコミュニケーション**
　　☐ 苦手意識を持つ相手とは、自分の心を守りながら割り切って付き合う

☑ **年上メンバーをうまくマネジメントするには？**
　　☐ リーダー職を全うするため、仕事上の役割と年齢の上下は分ける
　　☐ 年上メンバーには、敬意を払い、気遣いを持って接する

☑ **メンバーのプライベートや家庭事情を考慮する**
　　☐ リーダーは率先して休み、オン／オフを切り替えられるチームを作る

☑ **メンバーの育成を意識して、仕事の任せ方を工夫する**
　　☐ アサインは単なる役割分担ではなく、メンバー育成の機会にする

☑ **仕事を任せるときは、「Why」から伝える**
　　☐ 何のための仕事かがわかると、HowとWhatのアウトプットと
　　　　モチベーションが上がる

☑ **仕事を任せたら「チェックポイント」を刻む**
　　☐ チェックポイントは、メンバーに任せることで実施漏れを回避

☑ **「任せる」ことは「放置する」ことではない**
　　☐ 任せ方の基準は、「安心」と「育成」のバランスで決める

☑ **ティーチングで育て、コーチングでさらに伸ばす**
　　☐ メンバー育成は「ティーチング」と「コーチング」のバランスを取る

☑ 頑張ったメンバーはその頑張りを評価する

☐ アピール上手のメンバーに惑わされない「眼力」を鍛える

☑ メンバーのキャリアを作る

☐ メンバーの活躍を認め、評価と昇進を勝ち取るのはリーダーの仕事

☑ メンバーのメンタルケアは、リーダーの最重要任務

☐ 普段からメンバーの言動をよく観察し、わずかなサインも見逃さない

☑ モチベーションアップのために、動機を刺激し続ける

☐ モチベーション向上は、
「内発的動機づけ」と「外発的動機づけ」を組み合わせる

☑ 「褒める」はリーダーの必須スキル

☐ 上手に褒めるには「何でも褒めない」「他人と比較して褒めない」
「努力や頑張りを褒める」

☑ 自分で決めるから成長スピードが上がる

☐ メンバーの成長は、チーム全体の成長につながる

☐ 「どうすればいいですか?」と聞かれたら「どう思う?」と返す

☑ 「ストレッチ・アサイン」でチームとメンバーを成長させる

☐ 人は多少無理をして実力以上の仕事をすることで、成長が促される

☑ 「説明」の機会をたくさん与える

☐ 「説明機会」は「成長機会」。経験した分成長できる

☑ 成長のために「小さな成功体験」を積ませる

☐ 普通にうまくいったことも「よくやった」と伝え、成功を認識させる

☑ 転びそうなときはあえて転ばせる

☐ 失敗から学ぶことのほうが、アドバイスよりも価値がある

☐ 転んだ後のアフターフォローで学びが深まる

☑ 「自分でやったほうが早い」を我慢する

☐ 「仕事の成果」と「メンバーの育成」で迷ったら、育成を優先する

第 **2** 章

チーム・マネジメント

TEAM MANAGEMENT

方向性を示し、力を合わせて「ゴール」をめざす

10人のチームで10人分の成果を出すなら
マネジメントの意味はありません。
10人で15人分や20人分の成果を出して、初めて
「チーム・マネジメント」ができている状態といえます。
メンバーの個の力を見極め、成果を最大化する戦略を立てる。
それらをメンバーと共有し、陣頭指揮を執る。
これが、リーダーがやるべき「チーム・マネジメント」です。

01 メンバーを知り、チームの戦略を練る

「敵を知り、己を知れば、百戦殆うからず」

（敵情を把握し、自軍を熟知していれば、百度戦っても負けることはない）

　中国古典『孫子』の中でも、最も有名な格言の一つです。戦略とリーダーシップの重要性について、現代のビジネスリーダーにも多くの示唆を与えてくれる言葉です。

☑ メンバーに関する情報は、何でもストックしておく

　リーダーであるあなたは、ビジネスという戦場でチームを率いて戦わなければなりません。しかし、結果を出すためにはまず、自分のチームの状況を深く知ることが不可欠です。それらを知らずに戦っても、望む結果にはつながりません。

　では、まず何を知ればいいのでしょうか？

　それは、**チームメンバー一人ひとりについて**です。

　メンバーのスキル、経験、キャリア目標など仕事に関すること。そして、**性格も観察**するようにしましょう。**趣味や特技、週末に何をしているか**といったことまで知っておくのがベターです。

　ただ、プライベートに関することは、執拗に聞き出すのではなく、雑談などの流れの中で、軽く引き出すくらいにとどめます。

　プライベートを話したがらないメンバーに対しては、そのスタンスを尊重して、強引に引き出そうとはしないでください。

　私たちは勤務時間の中で仕事をしているので、仕事に関することだけを知っていれば表面上は回りますが、実際には、プライベートも仕事に影響するものです。従って、知り得る情報はできるだけアンテナを張って、収集しておきましょう。

✓ どんなマネジメントも、メンバーの個性を把握してこそ

　さて、大切なのは、チームメンバーのことを知った後のステップです。知ることがゴールではありません。むしろ、リーダーとしてチームをマネジメントするための出発点にようやく立ったに過ぎず、**本当の勝負は、知り得た情報を使って、これからどうマネジメントをしていくか**にかかっています。

　そこで本章では、メンバー個々の特性やチームの状況を考慮した上で、仕事のアサインや、メンバーの育成、チームのタスクの取捨選択などについて、リーダーがどうマネジメントすべきかを一つずつ解説していきます。

　例えば、メンバーの強みを最大限に活かす戦略を採用したり、メンバーの弱点を補強するための育成計画を立てたりすることもマネジメントの一環です。

　どんなに優れたチーム・マネジメントも、その第一歩は「メンバーを知る」ところから。メンバーとの信頼関係を築き、彼らを成功に導くためにも、時間をかけてでもメンバーを理解しましょう。

チームの戦略を練るために、メンバーを知る

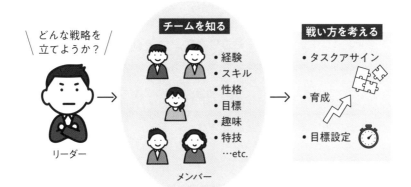

02 組織は２－６－２で考える

　一般的に、組織やチームは２-６-２の法則で構成されています。すなわち、**優秀な上位層が２割、平均的なミドルレンジの人材が６割、下位のグループが２割に分かれる**という考え方です。

　これは、「働きアリの法則」から来ているといわれます。働きアリの集団は、かなりの「働き者」が２割いて、並みの「働きアリ」が６割、ほとんど働いていない「怠け者」が２割います。不思議なもので、ここから怠け者を排除しても、残った集団で２-６-２の構図が出現します。アリも人間も、集団になるとこの２-６-２のバランスになるというのです。

　マネジメントをする立場としては、組織やチームは２-６-２の構成になることを理解しておいたほうがいいでしょう。

☑ 上位２割を重要タスクにアサインする

　次に、この構成でどうマネジメントするのか、です。

　基本的には、**優秀な上位２割のメンバーを、チームの重要なタスクにアサイン**します。詳細は146ページで後述しますが、２割の仕事が全体の売上の８割を占める、という「パレートの法則」もミックスさせて、**重要な２割の仕事に上位２割をアサインすることで、８割分の仕事の成果を高める**のです。

☑ ミドルレンジの６割の出来が組織の成果を左右する

　以前、200人規模の組織のリーダーと話しているときに、

　「リーダーからメッセージを出すとき、どこに向けていますか？」

　と聞いたことがあります。答えは即座に返ってきました。

　「真ん中の６割の人たちに向けて出している」

リーダーとして考えるべきは、この**6割のメンバーたちが最大の
パフォーマンスを発揮できるようにする**ことです。上位メンバーは、
放っておいても勝手に仕事を動かし、勝手に成長してくれます。

　しかし、ミドルレンジのメンバーはいろいろとケアをしないとい
けません。また、この**6割を占めるボリュームゾーンの仕事のパ
フォーマンスが組織の結果を左右する**ともいえます。

　リーダーは、スキル育成、メンタルケア、仕事のフォローなどの
すべてで、ミドルメンバーに注力していきましょう。

☑ 下位2割は「そういうものだ」と割り切る

　一方、悩ましいのが下位グループ。パフォーマンスが上がらず、
向上心も感じられず、ミスも多い、というメンバーです。

　しかし、思い出していただきたいのは、下位2割を排除して、意
欲的に働く人材だけの組織を作っても、いつの間にか2-6-2の割
合に戻るということ。これはもう、受け入れるしかありません。

　下位層にどうやって活躍してもらうかを考え、対応していくこと
はもちろん必要ですが、どうにもならないことがあるのも事実です。
なぜパフォーマンスが上がらないのか、やる気を出さないのか、と
ヤキモキはしますが、組織に2割はそういう層がいるものだ、と割
り切ることも、時には必要でしょう。

2-6-2をどうマネジメントするか?

第**2**章　チーム・マネジメント　TEAM MANAGEMENT

03 「雑談」でチームの パフォーマンスを上げる

あなたは、仕事中の私語はよくない、と思っていませんか。

確かに、「私語は業務時間のムダ使いだ」「ちゃんと集中して仕事をしなければいけない」という意見もあります。

しかし一方で、「雑談」がチームの生産性を上げるという研究結果もあります。

先のコロナ禍で、一時、仕事が完全リモートになった人も多いでしょう。会議や業務用件以外のコミュニケーション、いわゆる雑談がほとんどなくなったことで、何となく閉塞感や、非効率を感じた人も多かったのではないでしょうか。

☑ 「雑談」がチームにもたらす3つの効果

雑談とは、業務には直接関係のない、趣味やプライベートの話をすることです。それにより、3つの効果が期待できます。

❶ 人間関係の構築

雑談を通して、メンバーがお互いの業務時間外の姿を知ることができます。趣味や週末の過ごし方など、**相手のことを深く知ることで、心理的距離が縮まり、心理的安全性が高まり**ます。

すると、仕事をするときに、お互いに身構えなくなるので、ちょっとしたお願いをしやすくなったり、相手が困っているときに自ら進んで手助けをしてあげるといった効果が生まれます。

❷ストレス軽減

業務を離れた趣味や週末の出来事を話すことで、**リラックス効果**が生まれます。ついでに仕事の悩みやプライベートの悩みも話すこ

とで、**ストレス解消**にもつながります。

❸新しいアイデアの創出

プライベートの会話から始まった雑談でも、話が仕事に及び、**新しいアイデアが生み出される**こともあります。

これは、**業務以外の会話で頭がリラックスしていることにより、創造性が刺激される**ためでしょう。会議をアイスブレイクから始めるのと同じです。

✓ メリハリをつけた「雑談」で、程よい緊張感をキープ

このように、雑談にはチームパフォーマンスの向上をもたらす効果が期待できます。そのため、昨今、コミュニケーションを活性化するオフィス設計を採用する企業も増えているほどです。

しかし、雑談も行きすぎると、弊害になります。30分も1時間も話し込んでいるようでは規律が保てませんし、声が大きすぎて仕事に集中している人の妨げになってはいけません。

時間や場所、声量などにも気を配り、メリハリのある雑談を促していきましょう。

「雑談」でチームを活性化させよう!

- チームの雰囲気が明るくなる
- 会話が増えてパフォーマンスも上がる

〈仕事の話だけだと…〉

- チームの雰囲気が暗い
- それぞれの作業だけ
- バラバラ

04 チームのビジョンを語り、助け合うチームを作る

チームメンバーの心がバラバラだと、チーム力は発揮されません。一方で、成果を出すチームには**メンバーがお互いに助け合う文化があり、チームとしての一体感があります。**

協力意識と連帯感を醸成し、チームメンバーが互いに支え合う文化を築くために、リーダーがやっておくことがあります。

✓ チームの目標を全員で共有する

普段はみんな自分の仕事に集中していて、自分の仕事をしっかりやることばかり考えています。他のメンバーが何をしているか、何か困っていないか、などを考える余裕はあまりありません。

「3人のレンガ職人の話」をご存じでしょうか。

中世のヨーロッパの町で、1人の旅人が汗を流して仕事をしている3人のレンガ職人に出会います。「何をしているのか？」と尋ねると、1人目の職人は「ただレンガを積んでいるだけだ」と答え、2人目は「大きな壁を作っている」と答え、3人目は**「歴史に残る偉大な大聖堂を造っているんだ。ここは多くの人の拠り所となるはず。どうだ、素晴らしいだろう」**と答えたという話です。

この話は、**仕事をするときには大きな目的を持とう、それによって、やりがいとモチベーションが変わるのだ、**という例え話としてよく用いられます。

これをリーダーに向けて解釈し直すなら、自分のチームのメンバーに**「私たちのチームの目標は、大聖堂を建てることだ。そして、その大聖堂がこの地域のシンボルとなり、多くの人の助けとなるの**

だ」と語りかけるということです。自分たちのチームの大きな目標とビジョンを、チーム全員と共有するのです。

全員が同じ目標を共有できれば、チームの団結力は高まります。**自分だけがうまくいくことに意味はなく、チームとして成功しないといけない**ことに気づくからです。

☑ 他のメンバーをフォローすることを奨励する

大きな目標に向かって仕事をするチームは、自然と助け合いの文化が醸成されます。なぜなら、自分の仕事だけがうまくいっても、目標を達成できないことを知っているからです。チームの成果のために、他のメンバーが困っていると助けるようになるのです。

リーダーはここでもうひと押ししましょう。助け合うことを積極的に推進するのです。他のメンバーを**フォローしてくれたことに感謝して、チーム全体にそのことを伝えるだけでもチームの雰囲気は変わります。**

このチームでは、他のメンバーを助けることが正しいことなんだ、と思ってもらうことが大切です。

チームに助け合いとチームワークを奨励し、**チーム全体の成功に貢献する文化**を醸成しましょう。

メンバーが助け合うチームが最強

助け合うチーム

助け合いがないチーム

個人の成果の掛け算で、チーム全体のパフォーマンスが上がる

個人の成果の足し算にしかならず、パフォーマンスが上がらない

05 メンバーとの距離感は 「近すぎず、遠すぎず」

メンバーとの距離感に悩むリーダーは多いと思います。
近いほうがいいのか、ある程度距離を取ったほうがいいのか。
結論からいうと、**「近すぎず、遠すぎず」がベスト**です。
特に「近すぎる距離感」は好ましくありません。

☑ 「近すぎる距離感」は公平性が保てない

メンバーからいいリーダーと思われたい、嫌われたくない、と思う気持ちはわかります。しかし、その気持ちが強すぎてメンバーとの距離感が近くなりすぎるのは要注意です。

メンバーとの距離が近いと、**仲がよくなるメンバーがいる一方で、波長が合わないメンバーも出てきます。**そのような中で、一部のメンバーとだけ仲がよくなると、**公平性が保てません。**

リーダーは、仕事のアサインやメンバーの評価を公正に行わなければいけない立場です。それなのに、仲のいいメンバーをちょっと優遇したくなる感情が出てきてしまうのです。あるいは、本人は割り切って公平に評価しているつもりでも、傍からは「どうせ、あのメンバーを優遇しているんでしょ」と見られてしまうのです。

☑ 「遠すぎる」とチームのパフォーマンスが下がる

かといって、「遠すぎる距離感」にも弊害が出てきます。

リーダーが畏れ多い存在になってしまい、メンバーから話しかけにくくなり、相談しづらくなってしまうからです。92ページでも述べたように、チームのパフォーマンス向上は、コミュニケーションがカギを握ります。そのコミュニケーションが生まれにくくなるような距離感は、チームにとってマイナスです。

✓ いいリーダーは「適度な緊張感」を持たせるのがうまい

距離は近すぎても遠すぎてもよくないのですが、メンバーと楽しく飲んだり、休日にゴルフに行くことは悪いことではありません。

そうしつつも、**一定基準を下回る仕事に対しては、安易に許容しないスタンスを持っておくと、チーム内に適度な緊張感**が生まれます。

資料のレビューは、ビシッと指摘をする。熟慮されていない提案は、きちんと差し戻しをする、といったことです。

その緊張感がチームのパフォーマンス向上につながります。リーダーに相談するときは、十分に検討してからにする。対応策は、その論拠をしっかりと立ててから提案する。いいリーダーは、こうしていい距離感を作っているのです。

最後に一つ、将来のためのアドバイスをしておきます。

あなたが部長や役員のようなポジションになったら、「あえて」メンバーとの距離感を縮める努力をしましょう。

役職が上がると、メンバーからすると「遠い人」になってしまうので、自分から距離を縮めて話しかけやすい存在になるように心がけるのです。それが組織の活性化につながります。

メンバーとは「適度な距離感」でいい緊張感

①適度な距離感

リーダー

いい
緊張感

メンバー

②近すぎると…公平性を保てない

リーダー　メンバー

優遇してるんでしょ？

どうせ私は…

なんかシラケる

③遠すぎても…パフォーマンスが下がる

リーダー

メンバー

近寄りがたい　話しかけにくい　畏れ多い

06 オフィスの座席配置が チームの生産性を決める

あなたは会社で、自分の座る席をどのように決めていますか？

最近は、フリーアドレスを採用している会社も増えてきていますが、私個人としては、オフィスの座席配置は、チームの生産性が上がるように意図を持って決めたほうがいいと思っています。

私が組織やプロジェクトの運営を行うときは、メンバーの座席配置や自分の席は考え抜いて決めています。

毎日仕事をするチームの環境が効率的かどうかはとても大切で、その最大の要素が座席配置だと思うからです。

✓ 固定席は、「距離感」と「景色」と「動線」で決める

会社が固定席の環境であれば、チーム内の席はリーダーであるあなた自身の裁量で決められるでしょう。配置検討の観点の一つは、**メンバー同士の距離感**です。例えば、密にコミュニケーションを取らないといけないメンバーは、隣や向かい側など近くにいたほうがコミュニケーション効率はよくなります。

もう一つの観点は、リーダーである自分の席です。私は自分の席は、「景色」と「動線」で決めています。「景色」とは、**チーム全体が視界に入るかどうか**です。チームメンバーが自分の視界に入る席に座っていれば、仕事をしながらメンバーの動きを見ることができるので、チーム状況をよく把握することができます。

「動線」は、**メンバーがよく通る場所の近くに座る**、ということです。オフィスの入口の近くや、プリンターの近く、メインの会議室の近くなど、自分のチームメンバーが移動をする動線に、自分の席を置きます。そうすると、自分の近くをメンバーがよく通るので、ちょっと声をかけてコミュニケーションが取りやすくなり、チーム

の活性化につなげられます。リーダーだから奥まった席をキープする、というのはまったくのナンセンスです。

✔ フリーアドレスでも、ゆるく集まる

　最近は、フリーアドレスを採用している会社が多いと前述しましたが、私も現在は、フリーアドレス環境で仕事をしています。

　フリーアドレスは、文字通り「自由」なので、基本的に席の強要はしてはいけません。メンバーの自主性に任せましょう。

　とはいえ、**チームの仕事効率を高めるのなら、メンバーが近くにまとまったほうがいいことは間違いありません。**そこで、「うちのチームはこの辺りに座ろうか」など、**やんわりと場所を示唆する**といいでしょう。2～3人が集まれば、次第に全員揃うようになります。

　もちろん、離れたところで仕事をしたがるメンバーもいます。その場合は、その人のスタイルを尊重しましょう。**メンバーのモチベーションを下げないように留意すること**も大事です。

　固定席にせよ、フリーアドレスにせよ、何気なく座るのではなく、リーダーであるあなた自身の意志を反映し、チーム運営の効率を考慮して決めるようにしましょう。

リーダーは「座席配置」にもこだわる

オフィスレイアウト

メンバー　リーダー
・チーム全体が見えない
・奥まった席なので、日常的にメンバーとコミュニケーションが取れない

通路　COPY　リーダー
・チーム全体がよく見える
・プリンターが近いので、メンバーが近くを通るタイミングでコミュニケーションを取りやすい

07 報告は健全に「疑う」

　リーダーとなったあなたは、メンバーから報告を受ける立場にあります。このとき、覚悟しておくべきことがあります。それは、**必ずしも正しい報告が上がってくるとは限らない**、ということです。

　自分がメンバーだったときに、リーダーに報告していたことを思い出してみてください。包み隠さず、すべてをありのままに報告していたでしょうか？　リーダーである今も、自分の上のリーダーにすべてを正しく報告していますか？

　99％以上の人の答えは、「NO」でしょう。もちろん、私もNOです。**どんなにひどい状況であっても、そのままは報告しない。**うまくいっていなくても、「一部に課題はありますが、全体的には大きな問題はありません」というような報告をするでしょう。

　また、意図的ではなかったとしても、解釈が正しくなかったり、人づての情報で真意が伝わらなかったりすることもあります。

　要するに、**100％正しい情報が上がってこないのが報告**なのです。

☑ メンバーからの報告は、額面通りに受け取らない

　つまり、リーダーになったあなたは、「報告とはそういうもの」と思っているほうがいいのです。

　年間目標に対する売上実績の報告や、プロジェクトの進捗報告などは、だいたいは報告する側に都合よく加工されます。現状に多少の懸念があっても報告されないことがほとんどです。

　ですから、額面通りに受け取るのではなく、**報告に対して少し「クサビを打ち込む」**ことをおすすめします。

　「売上実績は順調なようですが、発生している課題や懸念事項、対

策を打っておくことはないですか？」

「全体的に進捗は順調のようですが、細かいことでもいいので、いくつかうまくいっていないことを教えてもらえますか？」

　などと、**都合の悪い事実を吸い上げるような質問**をすると、

「あえて言うなら、〇〇の懸念があります」

「全体に影響はないと思いますが、××という課題があります」

　などのコメントが出てくるでしょう。

　ここで、「なぜ隠していたんだ！」「言われないと報告しないのか？」と問い詰めてはいけません。隠蔽体質を生み出してしまいます。

✓ 健全に疑うことで対策が打てる

　このように報告に対してクサビを打つことを、私は**「健全に疑う」**と呼び、信条としています。一般的には、**クリティカル・シンキング**と呼ばれるものです。クリティカル・シンキングは、日本語に訳すと「批判的思考」となり、ややネガティブな印象を与えますが、実際は批判したり非難したりということではなく、健全に「批判的観点」で検証する、**前向きな思考プロセス**なのです。

　何の問題もない組織やチームはありません。しかし、その問題が表面化しないことには、対策の打ちようもありません。

　それらを何とかして吸い上げるのも、リーダーの仕事なのです。

メンバーからの報告は健全に「疑う」

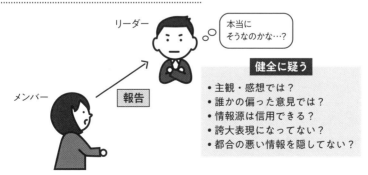

08 「バッド・ニュース」を歓迎する

　　メンバーからの報告は正しく上がらないもの、という話をしましたが、「悪い報告」となると、なおさらです。

　　しかし、組織にとって一番まずいのは、悪い報告が上がってこないことです。**状況が悪くなっていることに気づかず放置していると、さらに悪化して取り返しがつかなくなってしまいます。**

☑ 悪い報告が上がらないのは隠蔽体質へのスタート

　　問題を最初に見つけられるのは、現場にいるメンバーです。そのとき、即座に報告が上がってくれば適正に対処できますが、上がってこなければ小さな問題もいずれ大きな問題となってしまいます。

　　そのため、**組織としては悪い情報も報告としてきっちり上がってくるような運営**をしなければいけません。

　　悪い報告を受けたときに、リーダーが「なぜそんなことになったのだ！」「なぜもっと早く手を打っておかなかったのか」など、**メンバーを責めるのは悪手です。** メンバーは萎縮し、次回以降、何か問題が起きても報告をしなくなります。それが続くことで隠蔽体質の組織ができあがってしまうのです。

☑ 悪い報告を受け入れる3つのポイント

　　これを避けるためには、リーダーが**バッド・ニュースを「歓迎」**しなければいけません。そのためのポイントは3つです。

❶まずはクールに受けとめる

　　悪い報告を受けたときに、「お、そうか。しょうがないね」「すぐに対処しよう」などと、抵抗なく受けとめるようにしましょう。内

心では驚き呆れていようとも、表情はあくまでもクールフェイスを保たなくてはいけません。ネガティブ反応は絶対NGです。

❷問い詰めずに事実を聞く

　次に、問題に対処するために、「何が原因だったのか」「問題の影響範囲はどの程度か」など、起きている事実をヒアリングします。**あくまでも事実を聞き出すヒアリングにとどめてください。個人のミスや責任を追及するような発言は厳禁**です。

❸悪い報告を上げてきたことに感謝する

　最も大切なポイントは、**悪い報告を上げてくれたことに「ありがとう」と感謝する、**ということです。

　問題を報告してくれたということは、その問題に対処できるということです。それは組織にとって間違いなくプラスです。

　そして、なぜそのような問題が起きたのか原因を究明することで、再発防止にもつながります。さらに、チーム全体で共有すれば、皆で改善策を話し合うきっかけになるかもしれません。何より、バッド・ニュースを歓迎することで、勇気を出して報告を上げてきたメンバーは報われ、ほっとするのです。

　この繰り返しが、健全な組織へとつながっていきます。

「バッド・ニュース」を歓迎しよう

「マイクロ・マネジメント」は使い所に要注意

09

メンバーがやる仕事にあれやこれやと細かく指示を出し、介入することを「マイクロ・マネジメント」といいます。

反対に、大きなテーマや命題を与えて、やり方などはメンバーに任せるスタイルを「マクロ・マネジメント」といいます。

どちらか一方だけでは、組織はうまく回りません。リーダーは、**「マイクロ・マネジメント」と「マクロ・マネジメント」のバランスを探りながら、マネジメントをする**ことが大切です。

☑ マイクロ・マネジメントしすぎることによる3つの弊害

第1章の最後（82ページ）で、「自分がやったほうが早い」を我慢する、という話をしましたが、マイクロ・マネジメントをしすぎてしまうというのも1年目リーダーが陥りがちな失敗です。

気持ちはわかります。メンバーの仕事は熟知しているし、自分なりのやり方も確立している。頼りないメンバーの仕事ぶりが目に入ると、つい細かいことまで口を出したくなるのです。

しかし、マイクロ・マネジメントをしすぎることには大きなデメリットがあります。

それは

- **メンバーのモチベーションが下がる**
- **自分で判断しなくなる**
- **成長しなくなる**

の3つです。

リーダーから事細かに指示をされたり、介入されたり。ちょく

ちょく報告を求められ、その度に細かく指摘を受ける……。

少し想像してみれば、あなただって嫌気が差すはずです。

そんなに細かくあれこれ言われればモチベーションは下がるし、自分で考えて動いてもどうせ後から否定されるくらいなら、はじめから言われた通りに動いたほうがいいや、と思うでしょう。次第に指示待ちになり、結果的に成長機会も奪われていくのです。

ですから、リーダーは、メンバーへのマイクロ・マネジメントを我慢しなくてはいけません。**たとえその仕事で失敗したとしても、それも貴重な経験となり、成長への肥やしとなる**のです。

✓ いざというときだけ、マイクロ・マネジメントを取り入れる

とはいえ、マイクロ・マネジメントがふさわしいときもあります。

タスクを任せていたが、うまくいかず問題が発生している。期限が迫っているのに、予定通りの品質とスケジュールで終われそうにない……。**このような非常事態では、マイクロ・マネジメントでそのタスクをリカバリーする**必要があります。

担当メンバーだけでは対処できないと判断したら、手を出し、口を出す。対応メンバーを増やすとか、担当替えも躊躇する必要はありません。それが、組織の成果を出さなければいけないリーダーとしての、あなたの仕事です。

「マイクロ・マネジメント」はいざというときだけ発動させる

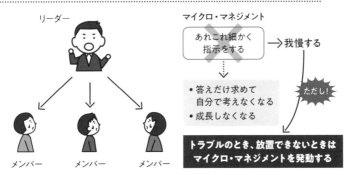

リーダー

マイクロ・マネジメント

あれこれ細かく
指示をする → 我慢する

・答えだけ求めて
　自分で考えなくなる
・成長しなくなる

ただし！

**トラブルのとき、放置できないときは
マイクロ・マネジメントを発動する**

メンバー　　メンバー　　メンバー

10 「今、いいですか？」には 「はい、もちろん！」

　メンバーはリーダーに相談したいこと、報告したいことがたくさんあります。メールやチャットで要件が済むこともありますが、なかには対面で相談したいこともあるでしょう。ですから、

「今、いいですか？」

とメンバーに聞かれたら、リーダーは絶対に、

「今忙しいから、後にして」

と断ってはいけません。

✓ 目前の作業より、 メンバーとのコミュニケーションが最優先

　リーダーがこのように断ってしまうと、メンバーは次から相談に来づらくなってしまいます。なぜなら、リーダーの様子を見て「今だ」と思ったのに、「今はダメ」と言われてしまうと、次に相談に行っていいタイミングが、わからなくなってしまうからです。

　一度このような対応をしてしまうと、**メンバーとのコミュニケーションの機会がどんどん失われて**いきます。それは、**チームのパフォーマンスを下げる事態に直結**します。

　では、どうするのがいいのでしょうか。それは、

「はい、もちろん！」

とすぐに時間を取ることです。**今やりかけている作業を中断してでも、メンバーとのコミュニケーションを優先**してください。

　このとき、大切なポイントがあります。それは、**作業の手を止めて相手の目を見て返事をする**ことです。パソコンの画面を見ながら「今いいよ」と言っても、メンバーは恐縮してしまいます。

☑ どうしても時間が取れないときは、対案を出す

一方、どうしても時間が取れないこともあります。すぐに次の会議が始まってしまうとか、今どうしてもこの作業をやってしまわないといけない、といった場合です。

そのようなときは、

「5分後に会議が始まるから、3分くらいなら話せるけど、どうする？　後でもよければ会議の後に話そうか」

「申し訳ない。この作業を15時までにやらないといけないので、その後で話をさせてもらうのでもいいかな？」

などのように、**今すぐに対応できない理由を伝えて、いつなら話ができる、という対案を伝える**ようにしましょう。

もう一つポイントを挙げるなら、普段から、

「何か作業をしていても、いつでも遠慮なく相談に来て」

とメンバーに伝えておいて、**最初の心理的ハードルを下げておく**ことです。メンバーからの相談は、チームを前進させるために必要です。「いつでもOK」と言えるリーダーをめざしましょう。

忙しくてもメンバーのコミュニケーションが最優先

11 パフォーマンスの高いチームは「クリーンオフィス」

　常日頃、私は、仕事環境をきれいに保つことを心がけています。チーム内では「クリーンオフィス」をスローガンに、帰るときは椅子をきちんとデスクの下に収めたり、デスクの上を散らかしたままにしないように、働きかけています。

☑ オフィスの清潔感と仕事のパフォーマンスの相関関係

　これにはきっかけがあります。

　新卒で入社した日本IBMで、2000人規模の組織をリードしている役員のそばで仕事をしていたときのこと。ある日、その役員が仕事を終えて帰ろうとしたときに、書類や椅子などが散らかっているエリアがあるのを見つけて、自ら片付けた後、私に向かって、

「このチームに、**デスクはきれいにしておくように伝えておいて**」

　と言ったのです。それを聞いて、私は、

「2000人をリードする役員が、そんなところまで気にするんだ」

　と衝撃を受けたのを覚えています。

　それ以来、このことが頭に残り、いろいろなチームを見るときにオフィス環境も併せて見るようになりました。

　すると、**パフォーマンスの高いチームのオフィス環境はきれいに整っていることが多い一方で、芳しくないチームのオフィス環境は片付いていないことが多いこと**に気づいたのです。

　また、オフィス環境が清潔で整頓されているほうが、メンバーの生産性とモチベーションが上がる、という研究結果もあります。

✓ 割れた窓を1枚でも放置しておくと、街全体が荒廃する

「割れ窓理論」をご存じでしょうか。

　1枚の割られた窓ガラスをそのままにしていると、さらに窓ガラスが割られ、いずれ街全体が荒廃してしまうという、アメリカの犯罪学者ジョージ・ケリング博士が提唱した理論です。

　これは、オフィス環境にもいえることです。

　わずか1席でも、デスク回りが散らかっていることを気にせず放置していると、次第にメンバーの美観・整頓意識が下がり、チーム全体のデスクが雑然となっていきます。

　デスクが散らかっていると、集中力は著しく低下します。また、作業スペースが狭くなって効率が悪くなったり、モノを探すのにムダな時間を取られることになります。何より、**雑然とした環境は、メンバーに不快感を与え、ストレスのもとになります。**

　また、周りからの印象も悪くなります。例えば、あなたがビジネスパートナーのオフィスを訪問したときに、執務フロアが汚かったとしたら、パートナーとして不安を覚えるのではないでしょうか。

　自分自身の仕事環境を整えている人は多いと思いますが、リーダーはチーム全体の仕事環境も整えるようにしましょう。

オフィスにも当てはまる「割れ窓理論」

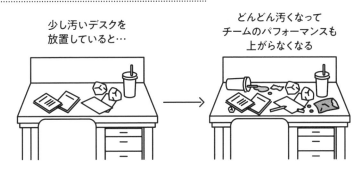

少し汚いデスクを
放置していると…

どんどん汚くなって
チームのパフォーマンスも
上がらなくなる

12 メール・チャットは「24時間以内」に「必ず返信」

今や、メールやチャットは、ビジネスコミュニケーションになくてはならないツールとなりました。

しかし、便利なツールである一方で、使い方次第ではチーム全体のパフォーマンスを大きく左右することもあります。

✓ 反応しないことが、メンバーのパフォーマンスを下げる

まず、リーダーが徹底しなければいけないことは、メンバーからの連絡には**「必ず返信をする」**ということです。どんなに忙しくても「必ず」です。

メンバーからの連絡は、「報告」「判断を仰ぐもの」「承認依頼」「作業依頼」などに分かれます。どれもリーダーからの返信がないと、その間のメンバーの仕事は進みません。そして、返信が来るまで常にそのことが頭に引っかかった状態になるため、**他のタスクを進める上でのノイズになり、最高のパフォーマンスを出すことができません。**仮に、メンバー全員が返信を待っているなら、チーム全体がノイズを抱えているようなもの。そのロスは計り知れません。

✓ 24時間以内に返信する

メンバーからのメールやチャットに必ず返信する、といってもその反応速度も重要です。**「24時間以内」に返信する、ということを自分だけではなく、チームルールとして設定してください。**

これだけで、驚くほどチームの生産性やスピードが上がります。

メンバーからメールやチャットで相談がきた場合、あなたの返信が早ければ早いほど次の動作に入るのも早くなります。逆に返信が遅いと、メンバーはいつまでたっても動き出すことができません。

つまり、メンバー同士の返信も早ければ早いほど、チーム全体で初動を早くできるということ。その一つひとつの積み重ねでチームのスピード感が変わっていきます。

☑ 忙しいときは「了解」「いいねマーク」だけでも十分

一方、チーム全体で24時間ルールを運用する場合、メンバーは「仕事が完了しないと報告はできない」と思うかもしれません。

そこで、メンバーには**完璧な内容の返信を返す必要はない**ことを伝えましょう。「了解しました。今週中に調査しておきます」といった予定を返信するだけでOKと伝えておけば、運用ハードルが下がり、チーム内のコミュニケーションが円滑になります。

これはリーダーも一緒です。それぞれのメンバーからの連絡すべてに返信をするのは大変だと思います。

であれば、「了解」とひと言返すだけでもいいのです。チャットであれば、いいねマーク「👍」を返すだけで十分。**リーダーが読んで、反応してくれた、ということがメンバーにとっては大きな意味がある**からです。

重要なのは、メールやチャットを読んだことを相手に伝え、対応するかしないかの意思表示をすることです。これによってノイズがなくなり、メンバーは100%仕事に集中できるようになります。

メール・チャットは反応することに意味がある

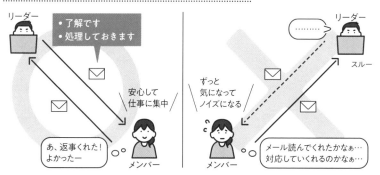

13 「伝わる」コミュニケーションで チームを動かす

「誰もいない森の中で木が倒れたら、音はするのか？」

という有名な問いがあります。

木が倒れたら、物理的な空気振動は発生しますが、それを「音」と認知する人が森の中にいなければ、音は発生していないのと同じ、という哲学的な問いです。

☑ ビジネスコミュニケーションの目的は、相手を動かすこと

ビジネスコミュニケーションもこれと同じです。

誰かに「伝えた」つもりでも、それが相手に「伝わって」いなかったら、コミュニケーションは発生していないのと同じなのです。

仕事でコミュニケーションが発生する理由は、そこに目的があるからです。その目的とは、相手に何かをしてもらうこと。

「調査結果の資料を作ってもらいたい」

「問題の報告を理解して、対策を打ってもらいたい」

「３つの案のどれでいくか判断してもらいたい」

など、相手に何らかのアクションを期待しています。

つまり、**「伝わった」ということは、相手がこちらの望むアクションをしてくれる、ということです。伝えたけど何もアクションしてくれなかったのであれば、それは「伝わっていない」ということです。**先の話でいえば「音が発生しなかった」ということです。

こう考えると、チーム内のコミュニケーションの質がチームのパフォーマンスを左右することになります。チーム全体で「伝わらない」コミュニケーションをしていると、チームは永遠に動きません。

✓ 「伝える」が「伝わる」に変わる4つのポイント

「伝わる」コミュニケーションのポイントは、以下の4つです。

❶ 相手が理解できる言葉を使う

❷ 結論から述べる

❸ 数字を使う

❹ 端的に短く

「伝わる」ためには、❶相手が理解できる言葉を使う必要があります。難しい専門用語で、相手を置き去りにしてはいけません。

❷〜❹は、以下の例文を見ていただくとわかりやすいと思います。

> 上期の実績は目標に対して80％の達成率でした。
> 下期での挽回が必要なので、次の3つの対策を打っていきます。
> 1）上期で売れた商品の販路拡大に集中する
> 2）そのために、チーム編成を見直す
> 3）進捗確認を月次から週次に変更する

　このように、❷結論から入り、❸数字を使って❹端的に説明することでスムーズな理解を促せます。メンバー全員が気をつければ、チーム全体のコミュニケーションの質は劇的に上がります。

「伝える」を「伝わる」に変えるコミュニケーション

リーダー　　　　　　　　　　　　　　　　　　　メンバー

目的	伝える	伝わった
・報告を理解してほしい	・相手が理解できる言葉で	・理解した
・提案を受け入れてほしい	・結論から話す	・受け入れた
・アクションを起こしてほしい	・数字を使う	・アクションを起こす
	・端的に短くまとめる	

14 「決めなければ」チームは動かない

リーダーの重要な仕事の一つが、「決める」ことです。

組織の方針を決める、人員配置を決める、タスクの進め方を決める、プロジェクトの方針を決める、来週の提案内容を決める、トラブル対応の対策を決める……など、リーダーが決めなければいけない事柄は日々、大量に発生します。

しかし「決める」ということは、結果責任を伴うので、大いに迷い、悩むものです。覚悟を求められる、非常に厳しい仕事です。

特に1年目リーダーは「決められない」状況に陥りがちです。

しかし、リーダーが決めなければ、チームは動けません。動けないまま時間だけがたってしまい、結局成果を出せないチームとなってしまいます。

✓ なぜ決めることは難しいのか

「判断」と「決断」の違いとは何か、あなたはわかりますか？

組織の方針はこれがいいとか、新しい体制はこれがいい、課題の対策はこれがいい、というのが「判断」です。**いくつか選択肢がある中から、「これがいい」と評価すること**です。

一方「決断」とは、**「これにする」と決めること**です。

この方針でいく、この体制でいく、この対策を実行する、と決めるのが決断です。**「決断」をしたら組織は動き出すので、そこには結果が生じ、その結果に対する「責任」が発生**します。その決断には、その結果、成功したか失敗に終わったかに対する責任がついてくるのです。そのため、本当にこれに決めていいのだろうか、と迷って身動きが取れなくなるのです。

☑ 「正解」がないなら、早く動き出したほうがいい

　決断できない主な理由は、「情報不足」「これで正しいか不安」「もっといい案がありそう」といったところでしょう。しかし、いくら情報を集めても、いくら考えても正しい答えは見つかりません。そもそもビジネスに「正解」はないのですから。

　では、決断するにはどうすればいいのでしょうか。

　それは、**覚悟を決めるだけ**です。いくら考えても正解がないのなら、「えいや！」で決めて、とにかく動き出しましょう。

「時期尚早と言う人間は、100年たっても時期尚早と言う。前例がないと言う人間は、200年たっても前例がないと言う」

　これは日本プロサッカーＪリーグの初代チェアマン川淵三郎さんがＪリーグ創設会議の席上で語った言葉です。この言葉で、その場にいたメンバーは決断を迫られ「よし、じゃあ、実現に向けて頑張ろう」と、Ｊリーグ発足へと動き出すことになったのです。

　リーダーは、「今」決めなければいけません。先送りにしてもいいことはありません。覚悟を決めて動き出しましょう。

　決めなければ、チームは動き出すことができないのです。

リーダーが決めないと、チームは動き出せない

15 具体的な指示でチームを動かそう

前項で述べたように、リーダーが決めないとチームは動きませんが、**リーダーの指示が曖昧でも、動きようがありません。**

例えば、

「さっきの会議で部長から指示があったデータの件、誰か調査しておいてもらえると助かるなぁ……」

このような発言は池に石を投げるに等しく、波紋は広がりますが誰もその石を拾おうとしないので、石は池の底に沈むだけです。

☑ 曖昧指示は解釈を相手に委ねる 「無責任」なコミュニケーション

曖昧な指示では、**解釈を相手に委ねることになるため、受け取り手が都合よく解釈してしまい、リーダーが望む動きにはなりません。**

では、どのような表現が相手に解釈を委ねる「曖昧な指示」でしょうか。次の例を見てください。

> 「なる早で仕上げてください」
> 「お客様との打ち合わせに向けて、<u>必要な準備</u>をしてください」
> 「資料を<u>ちょっと修正</u>してください」
> 「例の件、<u>調べておいて</u>ください」
> 「この前の問題、<u>しっかりと対応</u>しておいてください」

これらの指示の共通点は、５Ｗ１Ｈ（When/ Where/ Who/What/ Why/How）が明確になっていないところです。

「できるだけ早く」を意味する「なる早」は、受け手が都合よく解釈するワードの代表例ですが、便利なのでつい使いがちです。

「いつまでに」仕上げてほしいのか、1時間後なのか、今日中なのか、具体的に期限を提示しましょう。

「必要な」「ちょっと」「しっかりと」もオフィスで多用される言葉ですが、伝える側の責任を果たしていない言葉です。「必要な準備」とはどんな準備なのか、「ちょっと修正」「しっかりと対応」とはどういう状態を求めているのか。**明確に指示をしないのは無責任で、認識にギャップが生まれるケースが多々あります。**

また、「例の件」や「この前の問題」といった、つい使ってしまう曖昧な指示代名詞。リーダーの頭の中では明確で、メンバーもわかるだろうと思いがちですが、メンバーも多くの仕事を抱えているため、取り違えてしまう可能性があります。

誰が聞いても誤解しないように、5W1Hを具体的にした指示をしなければ、ボタンを掛け違えたコミュニケーションとなります。

第2章 チーム・マネジメント TEAM MANAGEMENT

✓ 曖昧な指示をするのは、リーダーの心の弱さ

ここまでは、皆、理解していることだと思います。しかし、実際は多くのリーダーが、曖昧な指示を出しています。

わかっていてもできない、その理由は、リーダーの誰もがメンバーだった経験があるがゆえに遠慮してしまうからです。

自分がメンバーだったときに、リーダーから厳しい期限を設定された、面倒くさい作業を振られた、といったつらい経験をしています。だからこそ、いざ自分がリーダーとして仕事を依頼する立場になったときに、そのようなことをメンバーに指示することに気後れしてしまい、大切なポイントをうやむやにしてしまうのです。

つまるところ、**リーダーの心の弱さに原因**があるのです。

指示を具体的にするには、まず、リーダーであるあなたが気持ちを強く持つことが大切です。そして、**「誰に」「何を」「いつまでに」やってほしいか、5W1Hを明確に**伝えましょう。

16 役割分担で発生する分割ロスを 仕組みで最小にする

　チームで仕事をするということは、チーム全体の仕事をメンバー全員で分担するということ。メンバーそれぞれに仕事の範囲と役割を与えて、チーム全体として仕事が成り立つようにします。

　仕事を分担するということは、一つの仕事のかたまりを切る、ということで、その切った所に**「分割ロス」**が発生します。

☑ 仕事を分割した所にロスが生まれる

　「提案→見積もり→受注→納入」という、簡単な4つの作業プロセスを例に説明します。

　クライアントが4社あるとして、この4社に対して提案から納入までの仕事をすべて一人で行う場合、役割分担はしないので、ロスは発生しません。

　さて、この仕事を4人のメンバーで分担することにします。この場合、分担の切り口は2つあります。

　一つは、提案、見積もりという**プロセスごとに仕事を分割する方法**です。この場合、クライアントに提案した内容やディスカッションして決めた内容などを漏れなく見積もり担当メンバーに引き継がなければいけません。ここで情報のロスが発生してしまうと、提案したことが見積もりに反映されていない、ということが発生してしまいます。

　もう一つの切り口は、**クライアントごとの役割分担**です。この場合、A社で受けたクレームは他のクライアントからも受ける可能性があるので、他のメンバーにも伝えておかなければいけません。B社から評判がよかった提案ストーリーも、他のクライアントを担当しているメンバーに共有したほうがいいでしょう。

✓ 分割ロスは仕組みで最小にできる

このように、チームで仕事を役割分担することで、「分割ロス」が発生してしまいます。それが悪い、ということではありません。分割ロスが発生してしまうのは必然です。

そこでリーダーがしなければいけないのは、**ロスを最小にすること**です。そして、そのロスの最小化をメンバーの属人性に頼るのではなく、**チームの仕組みにする**ことがポイントです。

分割ロスを最小にする方法は**「引き継ぎ」**と**「情報共有」**です。

プロセスを分断する役割分担にした場合は、メンバー間の仕事の引き渡しのところで情報ロスが発生するので、それを防ぐために、「引き継ぎ」というプロセスを追加したり、引き継ぎをするためのドキュメントをテンプレート化しておくことが有効です。

クライアントごとに発生した事象などを共有するには、チーム内の定例会議にアジェンダとして組み込むのがいいでしょう。全メンバーが集まる場で、状況を共有するのです。また Slack や Teams などのコミュニケーションツールで情報共有を図るのも一つです。

分割ロスは発生するのが必然ですが、仕組みで最小化しましょう。

分割ロスは仕組みで最小化すべし

17 ビジネス目標を達成するため、規律性が高いチームを作る

チームには守らなければいけないルール・規則があります。それらには、チーム個別のものもあれば、会社全体で定められているものもあります。

出勤・勤務時間や服装規定、セキュリティポリシーやチーム内の作業プロセス、業務マニュアルなど、多くのルールがあります。

チームメンバーは、これらのルールを守って仕事をしなければいけません。そうして初めて、チームの秩序が保て、ビジネス目標を達成する強いチームになるのです。

そしてここに、1年目リーダーが陥る罠があります。

☑ ルール違反を放置してはいけない

「規律」とは、**「ルール・規則に基づいて、自分を律すること」**です。チームの規律が甘いというのは、メンバーがルール・規則を守らなくなっていく、ということです。

例えば、あるメンバーがチーム内のレビュープロセスを無視して、見積もりをクライアントに提出したとしましょう。このレビュープロセスを無視した、というのは「規律が甘い」状態です。

このとき、リーダーがやらなければいけないことは何でしょうか？ そのメンバーに対して、「なぜルールを守らなかったのか？」と問うことです。そして、「次からはルールを守るように」と是正をすることです。どんな小さなルール違反に対しても、です。

実は、これが1年目リーダーが陥る罠です。
ルール違反があっても、指摘ができないのです。

☑ 一つの放置が、チーム全体に悪影響を及ぼす

109ページで、割られた1枚の窓ガラスを放置することで街が荒廃してしまう「割れ窓理論」を紹介しました。

ここでも「割れ窓理論」が当てはまります。

チーム内のたった一つ、たった一人のルール違反を放置することで、次第に組織全体の規律が甘くなります。あれくらいなら大丈夫なのかと、チーム全員が好き勝手にやりだします。すると、チームの規律が乱れ、組織が崩壊してしまうのです。

リーダーは**一つひとつのルールの順守に、徹底的にこだわらなくてはいけません。**守らなくていいルールなら、ないほうがマシです。

しかし、人に指摘をするのは嫌なものです。誰しも、心情的にそこから逃げたくなります。それでも、頑張って指摘してください。**それが強いチームを作るためのリーダーの仕事**です。

これを徹底していると、次第にメンバー自身で**「自分を律する」**ことが、自然とできるようになります。リーダーが言わずとも、メンバー自ら、ルールを守るようになるのです。

私はこの状態を「自浄作用」と呼んでいます。ここまでくると、規律性の高い、立派な強いチームができあがっています。

規律の高いチームが結果を出すチームになる

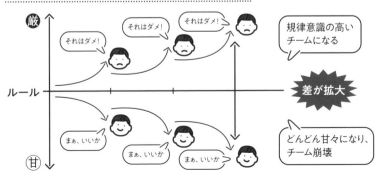

18 仕事の期限の設け方で、チーム全体の生産性が決まる

　毎月、月初に行っているクライアントとの定例会議で宿題をもらいました。ある商品の最新の市場動向を調査して、1〜2ページの資料にまとめ、次回の会議で報告するのです。通常業務をしながらでも3日あれば終われる作業量です。

　あなたは会議に同席していたメンバーに、その作業をお願いすることにしました。

　さて、この宿題の作業期限はいつに設定しますか？

☑ 依頼した仕事は期限ギリギリで仕上がる

　❶「田中さん、クライアントからの宿題、今週中に対応しておいてもらえないかな」

　❷「田中さん、クライアントからの宿題、次回の月次定例会議までに対応しておいてもらえないかな」

　どちらの期限で設定しても、その宿題が田中さんから仕上がってくるのは**「期限ギリギリの最終日」**です。

　そうなる要因は2つあります。**「学生症候群」**と**「パーキンソンの法則」**という人間特性です。

　「学生症候群」とは、**どんなにスケジュールに余裕があっても、「期日が近づいてからようやく着手する」**という行動様式で、学生時代の夏休みの宿題がまさにこれだった、という人も多いでしょう。

　「パーキンソンの法則」とは、**早めに作業が完了できたとしても、与えられた時間をすべて使い切ってしまう**、という行動様式です。年度末に、余った部門予算を使ってしまうのもこれです。

☑ 長い期限を設定することの3つの弊害

期限を長く設定してしまうデメリットは、3つあります。

❶チーム全体のタスク量が減る

3日で終わる仕事量は、理屈上20営業日で6つこなせるはず。しかし、期限を月末に設定すると、一つしか完了しません。

❷生産性が下がる

完了していないやりかけの仕事は、頭の中でノイズとなります。ノイズを抱えながら、別の仕事をするのは生産性が下がります。

❸メンバーが仕事を断る理由になる

月末までの仕事を抱えていると、リーダーが追加でタスクをお願いしようとしたときに、「今は、別のタスクを抱えているので、これ以上のタスクは無理です」と、断る理由にされてしまいます。

3日で終わる仕事は、3日後を期限にするのが一番ムダのないアサイン方法です。仕事の期限設定次第でチーム全体のスピード感が変わります。仕事は適正な期限でアサインしましょう。

ただ、すべてのタスクをギリギリで期限設定すると、メンバーは疲弊します。余裕を持ってアサインするのもマネジメントです。

期限の設け方でチームの生産性が決まる

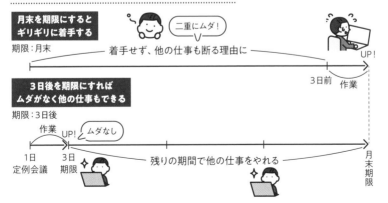

19 成果を出すチームかどうかは「会議」でわかる

　私はこれまで多くの組織やチームを観察してきましたが、成果を出している、パフォーマンスの高いチームに共通する要素の一つが「会議の質」です。

　成果を出すチームは、実にいい会議をします。

　反対に、会議で活発な議論がないチームは、チーム内の空気もどんよりとし、成果も停滞していることが多いように感じました。それくらい、チーム・マネジメントにとって、会議は重要な要素です。

✓ 情報伝達、意思決定、アイデア創出…会議の3つの目的

　会議の目的は、大きく次の3つに分かれます。

❶ 情報伝達

　組織の方針や決定事項を伝えるような会議です。プロジェクトのキックオフや作業プロセスの説明会なども同様です。このような会議では、伝えるべきことを正しく伝えて、チームがそれを正しく理解しないといけません。

❷ 意思決定

　組織の経営状況、売上状況、プロジェクトの進捗状況などに課題があり、その**課題に対して解決策や方針、アクションを決める場**です。活発な議論をし、結論を導き出すことが求められます。

❸ アイデア創出

　ブレインストーミングなどのように、メンバーが集まり、**新しい方針や対策のアイデアを出す会議**です。新しいものを生み出すクリ

エイティブなプロセスが重要であり、新たなアプローチやイノベーションを促進する場となります。

✓ 3つの目的を達成し、有益な会議にする

　質の高い会議とは、前述の目的が達成される会議です。

　伝達したのにメンバーが聞いていなかったり、意思決定の場なのに誰も決めようとしなかったり、あるいは、アイデアを出してほしいのにメンバーから全然意見が出ない、というようなことでは、会議の目的は達成できません。

　また、この3つの目的は、一つの会議の中に混在することがほとんどです。

　情報を伝達しつつ、課題を抽出してその解決策のアイデアを出し合う。そしてその中から対策を決める、という具合です。

　リーダーであるあなたは、チームを活性化させるためにも、どうすれば「いい会議」にできるのか、準備からセットアップ、運営に至るまで、真剣に検討しなくてはなりません。

　次項から、そのテクニックを一つずつ解説していきます。

成果を出すチームはいい会議をしている

会議の目的

❶情報伝達
❷意思決定
❸アイデア創出

チーム運営の重要な場

20 議論が活発な会議をめざす

会議の場で議論が尽くされていないプロジェクトは失敗する。

これは、プロジェクトベースの仕事をしてきた私の経験則です。

会議は、**様々な意見や考えをぶつけ合ってチームとしての最適解を導く場**です。だから、議論が少ない会議をしている組織は最適解を導き出せず、高い成果を出すことができないのです。

リーダーとメンバーは、それぞれの役割があるので知り得る情報に差が出ます。リーダーはメンバーの仕事の細部までは把握できていないので、メンバーが積極的に発言しないと、現場目線から離れた議論になってしまい、最適解にたどり着きません。

☑ 議論を促したければ、リーダーはしゃべってはいけない

議論が生まれない最大の理由は、**「リーダーがしゃべりすぎる」**からです。会議の冒頭からずっとリーダー一人がしゃべり続けて、「皆さん、何か意見はありますか？」と聞いても、すぐに次のテーマに移り、またひたすらしゃべりまくる……。このような会議ではほとんど誰も発言できず、「聞くだけ会議」になります。

会議の場では、リーダーは「発言しない」ようにしましょう。それが、メンバーからのディスカッションを促すことになります。

また、メンバーが発言しているのに、きちんと聞かなかったり、議論が起きたときに自分の意見を押し通そうとするのも NG です。

☑ 組織に議論の文化を根付かせる

議論が生まれないもう一つの理由に、**「議論をする文化がない」**ということがあります。

これは、普段の組織運営の結果としてできあがっているので、日常のあらゆるシーンでの改革が必要になります。

　普段からリーダーの指示が強すぎてメンバーが意見できない、リーダーがメンバーの考えを聞かないとなれば、いざ会議が始まったからといって、都合よく意見が出るはずがありません。

　対策としては、普段の仕事の中で、メンバーに対して**「どう思う？」「どうやってみたい？」**などと問いかけをしていくことです。すると、メンバーは常に**仕事に対して自分なりの考えを持つ**ようになり、意見を述べるようになります。

　このような組織文化になると、チームの雰囲気はとてもよくなり、会議でも多様な議論が活発に交わされるようになります。

　急には無理でも、リーダーが「他に意見はありませんか？」「どう思いますか？」「反対意見はありませんか？」などとメンバーに話を振っていくといいでしょう。次第にマインドチェンジされて、発言が増えていきます。

　会議で議論が活発になれば、成果を出すチームに進化します。

　一度、自分のチームの会議を「議論は活発にできているだろうか？」と客観的に振り返ることをおすすめします。

リーダーはしゃべりすぎずに議論を促す

みんな、どう思う？

活発な議論

新しいアイデア・いい意見が出る

…については……であってつまり……

シーン…

リーダーの考え以上のものは出ない

第**2**章
チーム・マネジメント
TEAM MANAGEMENT

21 反論のない「満場一致」に要注意

　会議で参加者全員が発言をし、意見が活発に出されるようになってきたら、そこからもう一歩踏み込んで**議論の「内容」**とその質に目を向けてみてください。

✓ 「意見」「反論」「提言」の出ない会議は健全ではない

　以前、一緒に仕事をしていた役員が、会議の後の私との雑談で、こんなことを言いました。

　「このチームは、会議でみんなが意見を言い合っていて、活発でいいよね！」

　私は、その常務とは何でも言い合える関係性を築いていたので、ストレートに私の見立てを伝えました。

　「確かに、発言の数は多かったようですが、反論や提言をしている人はいなかったのではないでしょうか？　皆さん、『そうですね』『仰る通りですね』と、同調する発言ばかりだったような……」

　そうなのです。会議で危険なのが、**「満場一致」**です。

　会議でのディスカッションで、発言はあったとしても特に反対意見が出ることもなく、同意の発言ばかりであったとしたら、組織としては危険信号かもしれません。

　日本人は根底に「他人の意見に反論しにくい」という性質を持っています。反論することで、「相手の感情を害するのではないか？」「相手との関係性が悪くなったらどうしよう」などと思ったり、そもそも自分の意見に自信がなかったりもするからです。

　若手メンバーや経験の浅いメンバーであれば、なおさら先輩や

リーダーに反対意見を述べるのは躊躇（ちゅうちょ）するものです。

　しかし、リーダー、先輩メンバー、若手メンバー、それぞれスキルや経験は違えど、皆、**役割が違うので、同じ意見になるというのはむしろ不健全。それぞれの立場の意見が出てしかるべきです。**

　外資系コンサル会社であるアクセンチュアは「Think Straight, Talk Straight」という文化を大切にしていると聞いたことがあります。日本人にとって、「ストレートに話す」はハードルが高く感じるものですが、だからこそ、合言葉や標語のように掲げることに意味があるのだと思います。リーダーは、普段から「意見」「反論」「提言」を推奨する空気をつくり、そういう会議をめざしましょう。

☑ 反対意見しか言わないのも、建設的ではない

　反対意見が出ない会議は健全な会議ではありませんが、だからといって、「反対」しかしないのも建設的ではありません。

　反対しかしないとは、誰かの発言に対して、「そのA案にはリスクがあります」「A案では結果は出ないと思います」など、否定の意見にとどまるということです。

　このような発言ばかりになると、メンバーは、自分が発言しても結局反対されるから面倒くさいだけだ、と意見すら言わなくなります。その結果、議論のない会議か、満場一致の会議となってしまい、会議の場も、チームの雰囲気も淀んでしまいます。

　必要なのは、**「対案」**です。
「A案にはこういうリスクがあるから、B案はどうでしょう」とか、「A案のこの部分を、このようにしてみてはどうでしょう」と、新しい案を出すべきなのです。

　しかし、**「反対」しかしない人は、「対案」を出すべきことに気づいていません。**だから、「反対」意見で止まる発言が出たら、**「では、何か新しい案はありますか？」**と投げかけてください。

　それが新しい議論に向かうきっかけとなります。

22 会議は「ネクスト・アクション」でクローズする

　成果を出すチームと出さないチームの、決定的な違いは、**会議を「ネクスト・アクションは？」で締めるかどうか**です。

　124 ページでお伝えした通り、会議の大切な目的の一つに、**「物事を決める」**、すなわち、**意思決定の場である**、ということがあります。
　そして、決定したら**次のアクションがあります**。会議中に決まらなかったとしても、**次に決めるためのアクション**があるはず。ToDoともいいます。そのネクスト・アクションを明確にするかどうかで、チーム全体のパフォーマンスが変わってきます。
　ネクスト・アクションを決めない会議は「やりっ放し会議」です。

☑ ネクスト・アクションを決めるのはリーダーの仕事

　ネクスト・アクションを決められない理由は2つあります。

❶ 誰もタスクを受けたがらない

　ネクスト・アクションは、今の仕事に追加される新たなタスクです。誰しも、積極的に追加のタスクを引き受けたくはありません。
　協力体制が築けておらず、ワンチームになっていないチームは、ネクスト・アクションを曖昧にしたまま会議を終えてしまいがちです。

❷ リーダーがタスクを割り振らない

　リーダーは、誰もタスクを引き受けたくないのを知りながらも、担当者を決めなければいけません。気が引ける嫌な仕事です。そのため、ネクスト・アクションを決め切れないのです。
　まずはリーダーであるあなたが、勇気を持ってネクスト・アク

ションの担当を割り振りましょう。これを継続していけば、自然と
メンバーからネクスト・アクションの手が挙がるようになります。

✓ 「誰が」「いつまでに」「何を」するかを決める

　ネクスト・アクションを決めるときのポイントは、**「誰が」「いつ
までに」「具体的に何をするか」を明確にする**ことです。さもない
と、池に石を投げたのと同じことになってしまいます。
　「この件、誰か追加の調査をしておいてもらえると助かります」
　これでは、ネクスト・アクションを決めたことになりません。
　「小坂さん、Ｆ社の去年の売上状況について追加調査をして、次回
の会議でみんなに共有してください」
　このように、誰が何をいつまでにするか、具体化して初めて、決
めたことになるのです。
　会議が想定通りに進まず、議論が不十分で結論が出ないまま終了
時間が来てしまうこともあります。そんなときも、会議の最後にす
るのはネクスト・アクションを決めることです。
　**「時間もあと３分しかないので、次回に向けてのネクスト・アク
ションを決めて終わりましょう」**
　このように声をかけ、会議は必ずネクスト・アクションを決めて
クローズしましょう。

「ネクスト・アクション」で会議を締める

23 「会議の質」をときどきチェックする

　会議は、とかく「形骸化」しやすいものです。あなたも「この会議、意味あるのかな」と、思ったことがあるでしょう。

　最初は有意義に設定した会議であっても、時間の経過とともにルーティーン化し、馴れも生まれて、形骸化し始めます。気づいたら自然消滅してしまっていた会議などもあるでしょう。これはマネジメントとしては最悪のケースです。

　組織の成果を左右する会議が質高く運営できているか、ときどきチェックをすることをおすすめします。そこで、組織でありがちなムダな会議のチェックのポイントを3つ、ご紹介します。

☑ ❶何となく継続している「定例会議」

　最初は目的を持って定例会議を設定したはずなのに、組織の状況が変わり、また次第にルーティーンとなってしまって、当初に掲げた目的に沿わない定例会議になってしまうことがあります。

　定例会議は少なくとも半年に1回は見直すようにしましょう。会議の目的、内容、参加者などを再設定するといいでしょう。

☑ ❷「とりあえず」の1時間会議

　あなたのチームの会議時間は30分か1時間の、どちらが多いでしょうか。もし、1時間の会議が多かったとしたら、「とりあえず」1時間で設定していないでしょうか。

　1時間の会議は、時間を浪費してしまいがちです。30分で終われる内容なのに、1時間あるのでのんびりと進めてしまったり、45分で終わったとしても、時間が余ったからと雑談してしまったり。

多くの会議は30分で十分です。「とりあえず1時間」は今日からやめましょう。

✓ ❸「参加メンバー」が吟味されていない

とりあえずとか、念のためにと、会議に招集されているメンバーもいます。チームのメンバーは全員参加するように、など会議の内容とは関係なく全員参加を義務付けるような会議もあります。

議題とあまり関係のないメンバーは、会議に出てもろくに聞いていなかったり、内職をしていたりします。

会議体としても、そのメンバーの仕事としてもムダになっているのです。参加メンバーは、必要十分かどうかチェックするようにしましょう。

質の高い会議を立ち上げても、その質の高さを維持するのは難しいものです。その結果、**ムダな会議へと生まれ変わってしまいます。**

ムダな会議はチームの生産性を下げ、メンバーのモチベーションも下げてしまいます。

意義ある会議ができているか、定期的に見直すようにしましょう。

ムダな会議を棚卸しする

見直すべき項目	→	有意義な会議へ
・何となく実施している定例会議		・意義を持たせる
・とりあえず1時間		・適切&最少限の時間で実施
・参加者の過不足		・必要な参加者を招集
・準備不十分		・会議に応じた準備

24 メンバーを会議で育成する

　会議は、メンバーが成長できる絶好の機会です。リーダーの運用次第で、会議を「成長の場」にすることができるのです。

✓ 会議はたくさんのビジネススキルが求められる

　会議で必要なことをブレークダウンしてみましょう。

　まず、【事前準備】は欠かせません。議題や参加者を決めて会議室やインビテーションのセットアップをする。これらには、**構成力や段取り力**が必要となります。資料作成のスキルも求められます。

　【会議中】は**ファシリテーションスキル**が必要です。さらに、**論理思考や交渉力、プレゼンテーション力**も求められます。

　【会議後】は議事録の作成があるので、**ロジカルライティング**が求められます。会議で発生した**課題やToDoの管理**も必要です。

　これ以外にも、洗い出せばもっとあると思います。

　いうなれば、**会議はビジネススキルの総合力が試される場**です。

　そこで、この会議という場を使ってメンバーを育成するのです。「事前準備」「資料作成」「プレゼンテーション」「会議の運営」「議事録作成」などの役割をメンバーに割り振りましょう。

　そういうのはすでにやってるよ、と思う人もいるかもしれませんが、ポイントは、**育成目的であることを伝える**、ということです。

✓ 「議事録作成」はロジカルライティングの実践機会

　例えば、議事録作成は多くの皆さんが若手のころに担当したことがあると思いますが、とかく雑務と捉えられがちです。

　しかし、目的意識を持って取り組めば、ロジカルライティングの

絶好のトレーニングにすることができます。会議の内容を論理的に構成し、端的に、モレなく、読みやすく書くのです。

このとき、リーダーがするべきことは**「このタスクがどういうスキルアップにつながるか」**をメンバーに伝え、上がった成果物に対して**「フィードバックをする」**ことです。

目的やテーマがないとスキルアップにつながりませんし、フィードバックがないと改善点がわからず、成長にもつながりません。

☑ 「ファシリテーション」が一番成長する

会議に必要なビジネススキルの中で、**最も成長できるスキルが、会議をリードする「ファシリテーション」**です。

私は、チームの定例会議では、このファシリテーションをメンバー全員でローテーションしています。参加メンバーの一人として受け身的に参加するのではなく、**中心メンバーとして進行を務める機会を全員に与える**のです。

ファシリテーションを担当することになったメンバーは、事前準備から、タスクに着手することになります。アジェンダを決定し、どのような時間配分にしようか、どのように議論を進めようか、などと事前にシミュレーションをするメンバーもいます。

会議中はタイムマネジメントをしながら、全員が議論に参加しているか、時間内に予定通りのアジェンダを終わらせることができるかなど、全方位に目配りし、頭をフル回転させています。

加えて、チーム内の会議とはいえ、メンバーの前で改まって話すというのは緊張するものです。プレゼンテーションの場数をこなすという意味でも、会議には成長の機会が詰まっているのです。

チーム内の会議をこのように進めるだけでも、メンバーの成長スピードは大きく変わります。リーダーはこの絶好の場を積極的に活用していきましょう。

25 「人は想定通りに動かない」を前提にする

　この章の最後に、身も蓋もない話をしておきます。

　それは、どんなにマネジメント術を駆使しても、結局**「人は想定通りには動かない」**ということです。

　理屈通り、想定通りにメンバーが動いてくれるなら、リーダーは苦労しません。動いてくれないから、苦労するのです。

　普段は温厚なメンバーが、プライベートな事情でイライラしていることもあります。相性の悪いメンバーが2人いるだけで、チーム全体の雰囲気が一気に悪くなることもあります。

　38ページで、人の性格やモチベーション傾向を大まかにタイプ分けしましたが、**実際には人のタイプは数え切れないほどあり、むしろ、一人として同じタイプの人はいません。それをたかだか数タイプに分けようとしている時点で、本当は無理があります。**

☑ 「理論」と「感じたこと」を組み合わせて最適解を導く

　しかし、だからといって、これらの理論がいらないというわけでもありません。**理論は、これまでの歴史に刻まれた王道を示しています。**王道を知っておくことは必要であり、実際、役に立ちます。

　その上で、リーダーはメンバー一人ひとりと向き合い、よく見ておくことがとても重要です。

　このとき必要なことは、**「感じ取る」**ことです。

- 表情や声の調子からちょっとした変化を感じ取る
- チームの雰囲気を感じ取る
- メンバーの心の襞（ひだ）を感じ取る

　こうして多くのことを感じ取り、それに理論を組み合わせて、オリジナルの最適解を導き出していくのです。

✓ 感度を磨くトレーニングで、変化に敏感になる

では、どうすれば「感じ取れる」ようになるのでしょうか。

それには、**「観察力」**が不可欠です。

チームやメンバーの表情や服装、髪形などの傾向、感情の機微などを注意深く観察して、様々な変化を捉えるのです。

観察力を高めるトレーニングを、一つ紹介しておきましょう。

それは、**メンバーの服装を毎日見て、前日との違いを見つける**ことです。服装はぱっと見てすぐに、昨日と今日の違いを見つけやすいと思います。さらに、毎日観察し続けることで、そのメンバーの好きなスタイルや色などもわかるようになります。これを、髪形や表情など、徐々に視点を移しながら、毎日続けるのです。

これを継続すると、そのうち無意識にメンバーやチームを観察できるようになり、わずかな変化にもすぐ気づけるようになります。

これはリーダーとして、最も重要なことといっても過言ではありません。経営学者の野中郁次郎さんは、「人の心の襞がわからない人はリーダーになってはいけない」とまで言っています。私が今まで見てきた優れたリーダーは皆、感度に優れていました。

あなたも続ければ、確実に感度を高められるようになります。

人は想定通りに動かない

Check Point

☑ メンバーを知り、チームの戦略を練る
　□ メンバーのスキルや経験、個性を知ってこそ適した戦略が立てられる

☑ 組織は２－６－２で考える
　□ 上位２割の優秀メンバーに重要タスクをアサイン、成果を最大化する
　□ ６割の中間メンバーを最もケアし、最大のパフォーマンスをめざす

☑ 「雑談」でチームのパフォーマンスを上げる
　□ メリハリのある雑談は、職場の心理的安全性を高める効果がある

☑ チームのビジョンを語り、助け合うチームを作る
　□ 目標を全員で共有し、他のメンバーをフォローすることを奨励する

☑ メンバーとの距離感は「近すぎず、遠すぎず」
　□ 近すぎる距離は公平性が保てず、遠すぎるとパフォーマンスが低下

☑ オフィスの座席配置がチームの生産性を決める
　□ リーダーはメンバーとコミュニケーションしやすい席を確保する

☑ 報告は健全に「疑う」
　□ メンバーからの報告が、常に１００％正しいとは限らない

☑ 「バッド・ニュース」を歓迎する
　□ 悪い報告が上がらないのは「隠蔽体質」へのカウントダウン

☑ 「マイクロ・マネジメント」は使い所に要注意
　□ メンバーの仕事ぶりには、細かく口を出しすぎない

☑ 「今、いいですか？」には「はい、もちろん！」
　□ メンバーからの相談対応の積み重ねが、チームを前進させる

☑ パフォーマンスの高いチームは「クリーンオフィス」
　□ わずか１席の汚いデスクが、チーム全体の生産性低下につながる

☑ メール・チャットは「２４時間以内」に「必ず返信」
　□ 反応しないことが、メンバーのパフォーマンスを下げる

☑ 「伝わる」コミュニケーションでチームを動かす
　□ ビジネスコミュニケーションの目的は、相手にアクションさせること

☑「決めなければ」チームは動かない
　☐ 決断するには「覚悟」を決めるだけ
　☐ ビジネスに「正解」はない以上、早く決断して動き出したほうがいい

☑ 具体的な指示でチームを動かそう
　☐ 曖昧な指示は、解釈を相手に委ねる「無責任」なコミュニケーション

☑ 役割分担で発生する分割ロスを仕組みで最小化する
　☐「分割ロス」の発生は「引き継ぎ」と「情報共有」でケアする

☑ ビジネス目標を達成するため、規律性が高いチームを作る
　☐ ルール違反を放置すると、チーム内の規律が乱れ組織が崩壊する

☑ 仕事の期限の設け方で、チーム全体の生産性が決まる
　☐ 3日で終わる仕事は、3日後を期限にする

☑ 成果を出すチームかどうかは「会議」でわかる
　☐ 会議の目的は「情報伝達」「意思決定」「アイデア創出」の3つ

☑ 議論が活発な会議をめざす
　☐ 議論を促したいなら、リーダーはしゃべりすぎない

☑ 反論のない「満場一致」に要注意
　☐「意見」「反論」「提言」の出ない会議は健全ではない
　☐ 反対意見を述べるときは、「対案」とセットにする

☑ 会議は「ネクスト・アクション」でクローズする
　☐ リーダーは「誰が」「いつまでに」「何をするか」を決める

☑「会議の質」をときどきチェックする
　☐「何となく定例」「とりあえず1時間」「全員参加」は3大ムダ会議

☑ メンバーを会議で育成する
　☐「会議」はビジネススキルの総合力が試される絶好の機会
　☐ 最も成長する「ファシリテーション」は全員で持ち回りにする

☑「人は想定通りに動かない」を前提にする
　☐ メンバーの些細な変化にも気づけるように観察力を磨く

第 **3** 章

ビジネス・マネジメント

BUSINESS MANAGEMENT

「成果を最大化する戦略」を実行する

チームや組織にとってのゴールは
「ビジネス目標」を達成することです。
リーダーになったあなたには
「金額」や「件数」といった形で、
チームの年間目標が課されることになるでしょう。
ここで、リーダーシップを発揮して、
目標を達成するための戦略を練り上げ、
「ビジネスの成果を最大化する」ことに全力を傾けてください。
その先に、チームとあなた自身の「評価」が付いてきます。

01 チームの目標と戦略は「経営目線」で考える

　リーダーになったあなたは、今日から**「自分も経営の一端を担っている」**という意識を持つことを強くおすすめします。

　「え、経営？」「そういうのは社長とか役員の仕事じゃないの？」と思ったかもしれません。

　私自身もリーダー１年目のとき、経営の意識はありませんでした。しかし今振り返ると、もっと早くに気づいていれば、という後悔があるので、ここでお伝えしておきたいのです。

　会社は、人の集合体です。そこで、経営を管理しやすくするために、組織という単位でマネジメントを分割しています。リーダーとなったあなたは、その組織の一つのマネジメントを任された、つまり、会社経営の一部を託されたということです。

☑ 組織の年間目標をしっかりと立てる

　組織の経営を託されたということは、会社が目標や計画、戦略を立てるのと同じように、あなたも**組織の目標や戦略などを策定しなければいけない**ということです。

　まずは、組織の目標が必要です。会社目標は中長期や短期的なものがありますが、まだ小さな組織の１年目リーダーとしては１年の年間目標をしっかり立てることに専念しましょう。

　目標とは、

- 年間売上２億円、対前年120％アップ
- １年以内にシェア60％達成
- ３年以内に商品Ａを業界No.1にする

などです。

　目標設定で大切なポイントは、**定量的にすること**です。「売上拡

大」ではなく、「売上2億円」と数字で設定するのです。

また、**その目標が会社の目標の一部になっている**ことが重要です。会社組織の一部を託されたあなたは、会社に貢献する組織となるような組織経営をしなければいけないからです。

✓ 目標を実現するための戦略を策定する

次に、目標を実現するための戦略を考えます。

例えば、売上120%アップを掲げるのであれば、そのために営業力の強化や人員の増員などが必要になるかもしれません。あるいは市場分析をして、どの領域を重点的に攻めるかなども考える必要があります。これが戦略です。

その戦略をさらに具体的に落とし込んだものが「作戦／戦術」です。作戦／戦術は戦略よりも具体的で、短期的なアクションです。

会社組織では、目標や戦略は上位組織から下りてくることが多く、それを受けて、自分のチームの目的や戦略、作戦／戦術を考えることになります。従って、自由に考えるのではなく、**上位組織や会社の目標を達成するための自分の組織の戦略、作戦を考える**のです。

あなたがキャリアアップするにつれ、任される数字はより大きく、責任の範囲もより広くなります。今から**会社に貢献する経営感覚**を身につけておきましょう。

チームの目標と戦略は経営目線

全体目標に対して、自分のチーム用に具体的に落とし込む

02 「KGI」と「KPI」で目標の達成度合いを数値化する

　組織の目標や戦略を立てるときによく使われる指標が「KGI」と「KPI」です。今はなじみがなくても、上位リーダーとなるためには当たり前のように使いこなすことが必要になります。今のうちに、基礎知識を身につけておきましょう。

☑ 組織の数値的な最終目標を表す「KGI」

　KGI（Key Goal Indicator）は、**「重要業績評価指標」**と訳され、**組織やプロジェクトの主要な目標や戦略的な目標数値**のことをいいます。つまり、組織の目標のゴール地点を示しているので、KGIがなければ、組織がどこに向かって何をめざせばいいか定まっていないということになります。

　KGIは重要な指標ですが、企業全体で定めたり、大きな組織で定めたりすることが多く、小さな組織で設定することはあまりないかもしれません。KGIで設定されるのは、以下のような項目です。

- ・売上高
- ・利益
- ・販売数
- ・売上成長率
- ・業界シェア率

☑ KGIの達成度合いを表す「KPI」

　KPI（Key Performance Indicator）は、**「重要目標達成指標」**と訳され、**KGIを達成するためにブレークダウンされた目標指標**です。一つのKGIに対して複数のKPIで構成されます。

　例えば、「KGI＝利益10億円」と設定されたら、KPIとしては、

売上高、コスト削減率などを設定します。KGI の利益 10 億円を達成するために、複数の KPI を設定するという構造です。

　1 年目リーダーのときは、KGI は上位組織で設定されることが多いでしょう。もしくは、上位組織の KPI の一部が自分の組織に割り振られるということもあると思います。そして、割り振られた KGI や KPI に対して、自分のチームの KPI を設定するのです。

　基本的に、KGI や KPI は定量的に設定すべき指標ですが、小さな組織の場合、数値化が難しいこともあります。

　例えば、営業数字を伸ばすためには営業メンバーのスキルアップが必要なので、今年はメンバー育成に注力する、といった場合です。**人材育成やスキル強化といった取り組みは、効果を定量的に表現することが難しく、どのくらい成長したかを数字で表現できません。**

　その場合は、次のように数値化するといいでしょう。

- 研修受講：4 回／年
- 資格取得：一つ以上

　このように数値で設定することで、メンバーのスキルアップの取り組みも、数字で実績を評価することができます。

　KGI、KPI の設定は、近い将来、重要な仕事になります。1 年目リーダーのときから、会社内の KGI、KPI を意識しておきましょう。

KPIはKGI達成のためにブレークダウンした指標

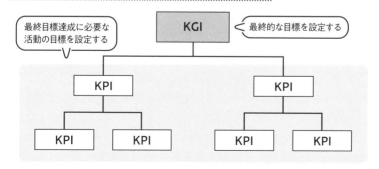

03 「パレートの法則」と「ロングテール戦略」を使いこなす

　90 ページでも触れましたが、イタリアの経済学者ビルフレッド・パレートが提唱した**「パレートの法則」**をご存じでしょうか。

> ・売上の8割は、2割の上顧客が占めている
> ・会社利益の8割は、全従業員のうち2割が生み出している
> ・2割の富裕者層が、納税額の8割を担っている
> ・トラブルの8割は、全システムのうちの2割に原因がある
> ・20%の従業員が、成果の80%を生み出している

　といった、成果分布の法則を唱えたもので、「20：80の法則」「2：8の法則」とも呼ばれます。

☑ 上位2割の重要な仕事に、上位2割のメンバーを割り当てる

　「パレートの法則」は、様々な仕事で当てはまります。

　従って、リーダーとしてはこのことを念頭に置いて、チーム・マネジメントをすると効率が高まります。

　例えば、この法則に当てはめれば、チームの仕事すべてを全力でやろうとするのは非効率だということがわかります。仕事には2割の「重要な仕事」と8割の「重要でない仕事」があるからです。

　であれば、**2割の重要な仕事にできるだけ注力する**のが賢明といえます。

　チームの成果を最大化するという観点では、**上位 20% の優秀なメンバーを上位 20% の重要なタスクに割り当てる**、というのが論

理的で最も効率のいいマネジメントといえるでしょう。

　しかし、実際にはここまで割り切ったアサインはできないので、「パレートの法則」を踏まえた上で、様々な状況因子を考慮してアサインしていくことになります。

✓ 80もロングテールになれば重要になる

　パレートの法則では上位20を優先させるのがセオリーですが、80を活用する戦略もあります。それが**「ロングテール戦略」**です。恐竜の長いしっぽに例えて、ロングテールと呼びます。

　上位20％に占める売れ筋商品でなくても、残り80％を積み重ねれば上位20％に匹敵するほどの大きな売上になるという考え方です。これは、インターネットビジネスの拡大の影響で、有効になった戦略ともいわれています。

　ロングテール戦略は、**ビジネスやマーケティングの分野で非常に有用なアプローチで、パレートの法則とは真逆の考え方**です。

　従って、80％だからといってあっさり切り捨てる必要はありません。一つひとつが小さい80％を積み上げることが、ビジネス上の強みや個性になることもあるのです。

「パレートの法則」と「ロングテール戦略」を組み合わせる

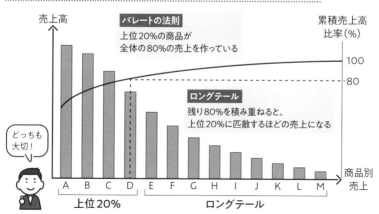

04 改善したければ 「PDCA」は回してはいけない

　成果を生み出すチームを作るには、**継続的な振り返りと改善**が必要です。×だったものを△や○にする、○は、◎に引き上げられないかを考える、といった具合に常に改善し続けるのです。

　それは、チームの仕事やプロセスについて、もっといいやり方はないか？　効率的な方法はないか？　ムダな作業プロセスは含まれていないか？　と問い続けていくということです。

　その改善に使うツールが**「PDCA」**です。ただし、ここでおすすめしたいのは、一般的な PDCA サイクルのことではありません。

✓ PDCAの使いづらさは丸い形状に原因があった

　私自身、これまで様々な組織やチームで仕事をしてきた中で、「しっかり PDCA を回そう」「高速で PDCA を回そう」というかけ声はたくさん聞いてきました。しかし、本当に現場で PDCA サイクルを回している組織を見たことは、ほとんどありません。

　なぜ、PDCA が「かけ声」だけで終わり、実践に至らないのか。それは、PDCA の丸い形状に原因があると私は思っています。

　PDCA の丸い形状は、確かに PDCA をぐるぐる回し、それを延々と繰り返すというイメージを持ちやすいのですが、これでは**「何をチェックするのか？」**が曖昧です。

　よって、Plan と Do が終わったところで何となく振り返りをする、という漠然とした Check にとどまってしまう懸念があります。

　これでは正確な検証にはならず、効果のある適切な Action が生まれません。

✓ PDCAはマトリクスにして使う

PDCAで重要なのは、**振り返るチェック対象を明確にすること**です。そのために下図右側のような**マトリクス型のPDCA**にします。

Plan、Doのところにそれぞれ当初の計画や作戦を書き込みます。そして、それら一つずつについてどうだったか、振り返るのです。

計画（P）がよかったのか悪かったのか、その実行方法（D）がよかったのか悪かったのかをチェック（C）していきます。

こうすると、**チェックすべき内容が明確となり、振り返りもポイントを絞ることができるので、改善策も考えやすくなります。**

計画や作戦、実行がすべてうまくいくことはありません。だからこそ、計画（Plan）と実行（Do）を具体的に振り返り、マズかった点を改善しなければいけないのです。うまくいったとしても、さらによくするにはどうしたらいいだろう、とPDCAを行うのです。

PDCAは予め、実施のタイミングを決めておくことをおすすめします。大きな仕事や一つのタスクが終わったタイミングや、プロジェクトのフェーズ単位、1カ月単位で行うのも有効です。

ビジネスにおける現状維持は、後退を意味します。常に、「さらにいい状態」をめざして「PDCAマトリクス」を活用しましょう。

PDCAは回すより、マトリクスのほうが使いやすい

●一般的なPDCA

PDCA
Action　Plan　Do　Check
何を
チェックする？

●マトリクス型のPDCA

	Check	Action
Plan	計画（Plan）をチェック	次の計画（Plan）への対策
Do	実行（Do）をチェック	次の実行（Do）への対策

05 組織のムダを取り除いて生産性を高める

「この仕事、ムダだなぁ」

「このプロセス、意味ないよなぁ」

あなたはこれまでの仕事で、このようにムダを感じたことはありませんか？ **チーム内のムダな仕事は、チーム全体の生産性を下げてしまいます。**リーダーになったあなたは、これらのムダをなくすことができるのです。

とはいえ、ムダな仕事すべてをやめることはできません。

やめられるのは、リーダーであるあなたの裁量と権限が及ぶ範囲まで。例えば、会社全体や部門全体で定められているプロセスなどは、あなたの裁量でやめることはできないでしょう。

それでも、チーム内のムダな仕事をやめることができれば、それは間違いなくチームの生産性向上に寄与します。

✓ ムダな仕事をやらされる心理的ストレスのほうが見過ごせない

ムダを除くことは、**時間的なメリット以上に、心理的なメリットも大きい**ものです。

メンバーは、これまでムダだと思いながらも、仕方なく継続してきたことが多々あります。これらが積もり積もると、実際の作業時間による負荷よりも、心理的なストレスによる負荷のほうが甚大な場合が多いのです。

従って、あなたの裁量でやめられるものは即座にやめ、交渉可能なものは交渉してやめられるように動きましょう。

チームメンバーの皆が楽になりますし、あなた自身のリーダーとしての株も上がります。

☑ 皆がムダだと感じる仕事は、勇気を出してやめる

ムダな仕事をやめる上で、ポイントが2つあります。

一つは、**メンバーがムダだと思っていることを吸い上げること**です。リーダーは気づいていなくても、メンバーにとってはムダだと思う仕事がたくさんあります。現場から離れているリーダーは気づけないので、メンバーから発信してもらえる雰囲気をつくりましょう。「このチームの仕事で、何かムダなことない？」と聞いてみるのも有効です。

もう一つは、**やめる勇気を持つこと**です。

これまで続いてきたことをやめるのは、勇気がいることです。

自分で決めた仕事やプロセスなら、自分でやめるのも難しくはありません。しかし、誰が始めたかわからない、いつからやっているのかわからない、目的もわからない仕事やプロセスに対して、ムダだと感じているからやめる、というのは決断しにくいものです。自分は気づいていないだけで、実は意味のあることなのではないか？と思ってしまうのです。

しかし、**皆がムダだと思っていることは、概ね本当にムダ**で間違いありません。

勇気を出してやめてしまいましょう。

ムダを省けば生産性がUPする

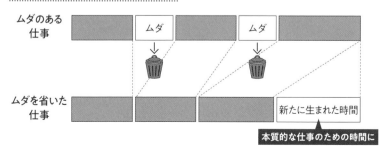

BUSINESS MANAGEMENT

06 限られた条件で成果を出す、チームの戦い方を考える

　　限られたリソース、限られた時間でビジネス成果を出していくためには、チームの戦い方を考えて戦わなければいけません。

✓ 戦い方その❶ 選択と集中

　　戦い方には2つあります。一つは**「選択と集中」**です。よく聞く言葉ですよね。これは、次のように考えます。

「① KPI × ② 20：80 の法則 × ③メンバースキル／適性」

　　チームで定めた**KPI に直結する仕事かどうか**という観点が①です。KPI に直結しない仕事や、効果がほとんどない仕事は選択と集中の対象外になり得ます。

　　②は、**その仕事が上位 20% にある仕事かどうか**です。その観点で、集中するべき仕事やタスクを選択します。

　　③は、①×②で選択した仕事に対して、**スキルが高く経験豊富なメンバーをアサインする**ということです。

　　このように①×②×③で絞り込みをかけて、選択と集中をします。

　　ただしこれは、あくまでも理屈上の理想論でしかありません。組織には一定程度、やらなくてはいけない間接作業的な仕事もあります。組織にいる以上、それらを無視することはできません。

　　そういう場合は、選択と集中を試みた結果、優先度は低いがやらざるを得ないのでやっている、と位置づけたほうがいいでしょう。

　　現実的には、いろいろなバランスを取りながらの選択と集中になりますが、そこにチャレンジするかどうかは大きな分岐点です。

　　ぜひ自分のチームで、選択と集中をしていきましょう。

☑ 戦い方その❷ 仕事を「型」にする

2つ目は、**仕事を「型」にする**ことです。

何度も繰り返す仕事や、多くのメンバーに共通する仕事は、パターン化や、テンプレート化を試みることをおすすめします。

「型」にする目的は、効率化と均質化です。全員が同じような資料を作るときにテンプレートがあれば、ゼロから作るよりもはるかに効率的で、一定基準の品質の資料を作ることができます。

逆にテンプレートがないと、メンバーは毎回悩むところから始まるので時間がかかります。レビューもその都度、同じような修正が発生します。テンプレートがあれば、これを最少化できるわけです。

資料だけでなく、営業活動やプロジェクトの作業をパターン化することもできます。聞くと当たり前のように思えますが、これを実際にできている組織やチームはほとんどありません。

なぜなら、**「型化」にはそれなりの作業工数がかかる**ため、日々忙しい業務に追われる中で時間を割けない、というわけです。しかし、「型化」が実現できればチームメンバーはもちろん、リーダーであるあなた自身にとっても、将来の仕事が格段に楽になるので、何とかチャレンジしたいところです。

「型化」はリターンの大きい先行投資です。

チームの戦い方は「選択と集中」で考える

```
┌─────────────┐
│  ①KPI       │ …組織のKPI（重要業績評価指標）に貢献する仕事
└─────────────┘
      ×
┌─────────────┐
│ ②20：80の法則 │ …売上の上位20％の仕事に集中する
└─────────────┘
      ×
┌──────────────┐
│ ③メンバーのスキル │ …①×②で選択した仕事に適したメンバーをアサイン
│  ／特性      │
└──────────────┘
```

07 ビジネスは「とにかく数字」

「とにかく数字」「何がなんでも数字」

　私の先輩が、口グセのように繰り返していた言葉です。いまだに鮮明に覚えていますし、おかげで私も常に意識するようになりました。

　ビジネスをマネジメントする上で重要なのが、**「数字」**です。

　KGI や KPI といった組織の目標設定や、目標に対する進捗報告など、様々な場面で数字を使って話をすることが必須になります。

　そして、その数字を使うときに意識すべきなのが、**「総数」「絶対数」「相対数」**の３種類の数字です。

☑ 「総数」を知らないリーダーは何もできない

　「総数」とは、全体像です。今年の売上や利益の目標、プロジェクトの総予算、組織の人数など、全体を示す数字です。**これがつかめていないのは、仕事の全貌が見えていないのと同じ**です。マラソンでいうと、10km 走るのか 42.195km 走るのかを知らずに走り始めるということ。これではペース配分もつかめません。

　自分の組織が対象とする全体像を示す数字＝総数は、リーダーが押さえておくべき数字です。

　「総数は絶対に暗記しとけ」と言って、自らもノートや手帳に書き込んで覚えていたリーダーもいました。

☑ 「絶対数」と「相体数」を使い分ける

　「売上目標に対して 10 億円足りていない」というときの、この**「10億円」という数字が絶対数**です。

　そして、この 10 億円の不足が、**「20 億円の目標に対して、50％足りない」**のか、**「1000 億円の目標に対して１％足りない」**のかで

意味合いは大きく異なります。この**相対比較した数字が相対数**です。

あと1カ月で年度末を迎えようとしているときに、予算が50%足りないのか、1%足りないのかで、意味合いはまったく異なります。それは、10億円足りない、という絶対数ではわからないことです。

一方で、あと10億円の売上が必要となったら、2億円の案件を5つ作らなければいけない、といった試算も必要です。これには相対数ではなく、絶対数が必要です。

☑ 「絶対数」と「相対数」はペアで語ることで意味を増す

ビジネスは、数字で語ることが大前提です。そして、「総数」「絶対数」「相対数」の3つを目的によって使い分けることが必須です。

絶対数だけ、相対数だけではいけません。むしろ、**絶対数と相対数をペアで語ることで、どちらもより意味のある数字**になります。

さらにいえば、自分の組織が取り扱う仕事の様々な総数を知らないのは、リーダーとしては論外です。暗記するくらいのつもりで、すべての総数を押さえましょう。

ここまでくると、数字が得意とか苦手とか言っている場合ではありません。頭に叩き込んで、体になじませるようにしてください。

ビジネスは、数字がすべてです。

「絶対数」と「相対数」はペアで語る

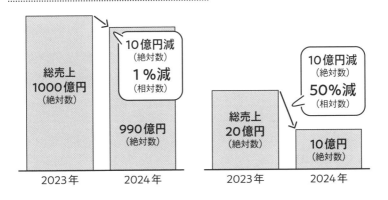

08 成果につながる「進捗確認」をする

組織の KGI や KPI、**年間目標やプロジェクトの計画を立てたら、リーダーはそれらが予定通り進んでいるかを定期的にチェック**しなければいけません。

それが「**進捗確認**」です。

進捗確認をしなければ、目標や計画はまず、達成できません。

マラソン選手が、時計を見てペース配分をチェックしながら 42.195㎞を走るのと同じです。自分がプランしたペースと実績を確認して、残りの距離の走りを調整するのです。

その予実をチェックする進捗確認は、ビジネス目標の達成において非常に重要で、やり方次第で大きく成果が変わります。ここでは、**成果を出す進捗確認のポイント**を分解して解説します。

✓ 進捗は数字で管理する

前項でも述べたように、ビジネスは数字で語ることが必須です。ということは、**予実の進捗管理も数字を使うことがマスト**です。

年間売上目標に対して、

「概ね順調です」

「おそらく、目標は達成できると思います」

といった実績管理では、何も把握できていないのと一緒です。

「年間 10 億円の売上目標に対して、半年経過した現時点で6億円で、達成率 60% です。順調に推移しています」

というように、数字を使った管理をしなければいけません。

曖昧な予実管理は、正確な実態把握ができず、適切なアクションにつながりません。

ビジネスは、数字で管理するのが絶対です。

✔ 課題をうやむやにせずに解決する

　計画や目標に対する予実管理をしていると、**必ず何らかの課題が発生**します。計画に対して、すべて順調で何も問題はない、ということはあり得ません。探せば何らかの問題が潜んでいるものです。

　そのときに大事なのは、**それらの問題をきちんと検知して、課題を拾い上げて解決する**ことです。

　進捗報告の場で、メンバーから計画に対する遅れや、発生している課題の報告があったときに、リーダーが「そっか、それはしょうがないね。とりあえず、頑張っていこう」などと、毒にも薬にもならないコメントを口にしてはいけません。

「なぜ遅れているのか？」「どんな問題が起きているのか？」「どうリカバリーをするのか？」など、冷静ながらも厳しく追及しなければいけません。それが課題解決になり、目標達成に近づくのです。

　こうした進捗報告の場には、**ピリっとした緊張感が生まれ**ます。そして**その緊張感が、チームのパフォーマンス向上につながります。**

　ゆるく、楽な空気が漂う組織は、メンバーには心地いいかもしれませんが、パフォーマンスは上がらず、強い組織にもなりません。

　数字で管理し、課題をうやむやにせずに解決していく進捗確認が、ビジネス成果につながるのです。

リーダーは課題をうやむやにしてはいけない

09 適度な「ホウレンソウ」で 上のリーダーを安心させる

　リーダーになったあなたは、メンバーからの**報告・連絡・相談**、いわゆる**「ホウレンソウ」**を受ける立場になりました。それと同時に、**あなたの上司へのホウレンソウも必要**です。

　ここではリーダーとして、上司へのホウレンソウはどうしたらいいのか、ポイントを解説したいと思います。

✓ ホウレンソウの目的は、相手を「安心」させること

　上司が気にするポイントは2つです。

　一つは、うまくいっているかどうかと、その状況です。

　例えば、年間目標に対してどのような取り組みをしていて、どのような進捗状況なのか。うまくいっていればいいのですが、うまくいっていないとしても、その状況を把握しておきたいものです。

　2つ目のポイントは、何か問題が起きたときに、すぐ報告が上がってくることです。

　102ページでバッド・ニュースを歓迎しよう、という話をしましたが、リーダーであるあなた自身も、上司にバッド・ニュースを速やかに報告することが大切です。

　たとえ問題が起きたとしても、早い段階でそれを知ることができれば対策の手段はたくさんあります。逆に、報告が遅れれば遅れるほど、打ち手も段々となくなってしまうからです。

　あなたがリーダーとして、自分のチームのホウレンソウを上司にきちんとできていれば、その上司は**あなたに対して安心感を持つことができます。また、その積み重ねが信頼になります。**

　これはビジネスを進めていく上で、非常に重要なポイントです。

✓ 「適度」は、相手の期待値に合わせる

　理想的なホウレンソウのポイントは、**「適度」なホウレンソウであること**です。すなわち、**頻度が過度でなく過少でもない、絶妙なさじ加減であること**が重要です。

　頻度高く、内容もこってりの過度なホウレンソウは、するほうも負荷がかかりますが、受けるほうにも相応の負荷がかかります。

　一方で、ほとんどホウレンソウがないのも上司を不安にさせます。

　過度も過少も、上司にはストレスを与えてしまいます。特に過少ストレスを感じたリーダーは、あなたのチームに干渉してくることになるでしょう。なぜなら不安を解消したいからです。

　そうなると、あなたのチーム運営にも悪影響が出かねません。余計な仕事が増えて、やるべき仕事に全力を注げなくなるからです。

　では、「適度」とはどれくらいなのか。これは「上司」によります。

　細かく欲しいという上司もいれば、それほどいらないという上司もいるので、**相手の好みに合わせる**ことがポイントです。

　リーダーに着任したら、上司の望むホウレンソウの頻度を確認するといいでしょう。細かく欲しいのか、時折でいいのか、明確な解が得られない場合もあります。そのときは、上司の反応にアンテナを張って、ホウレンソウのタイミングを探るようにしましょう。

「ホウレンソウ」は相手の不安を取り除くため

10 他部署には「ギブ」をしまくる

　リーダーとなって組織を率いる立場になると、自然と他の組織と接する機会が増え、部署間の仕事も増えます。

　メンバーだったときには、面倒な他部署との調整はリーダーにお任せしていればOKでした。しかしこれからは、それを自分がやらなければいけない立場になったのです。

✓ 困っている人に、手を差し伸べられるリーダーになろう

　他部署との調整は、何かと面倒なことが多いものです。

　なぜなら、たいていはどちらかの負担が大きくなるものだからです。また、双方の利害が絡んだり、数字の取り合いになったりで、とかくWin-Winで終わることがありません。

　私自身、強烈な体験があります。

　私がトラブルプロジェクトの責任者としてアサインされたときのこと。そのプロジェクトについては会社の中でも、何としてもやり切らなければ、ということで注目が集まっていました。

　そのため、私の上司も横並びのリーダーも、フォローするから困ったらいつでも声をかけるようにと言ってくれたほどでした。

　しかし、いざ人が欲しくなって助けを求めると、「うちも今、厳しくて人は出せない」「適任者がいない」「本当に人が必要なのか？」などと言って、結局、まったくフォローしてくれなかったのです。

　そんな中、一人だけ助けてくれた私と横並びのリーダーがいました。「地獄に仏」とはまさにこのことでしょう。本当にありがたく、その後はその人が困っているときには私も恩返しのつもりで、何とか協力しようと奔走したものです。

☑ 「ギバー」は結果的に多くのメリットを享受する

　こうした経験もあって、私は、他部署に対しては、長い目で見て、目先の損得を考えずに恩を売っておくことをおすすめします。

　アダム・グラントの『GIVE & TAKE「与える人」こそ成功する時代』でも、成功するためには「ギバー」となることを推奨しています。

　短期的に見ると「ギブ・アンド・テイク」にならないこともたくさんあるでしょう。それでも、**長い目で見るとギブバックされることが多く、結果的に大きなメリットを享受する**ことになるはずです。

　ギバーとなっておけば、自分が本当に困ったときに助けてくれる人が増えます。私自身もそうでした。

　昔、一緒に仕事をしていた人で、会社内で何かトラブルがあったときには、組織や部門に関係なく、全力でサポートをしていたリーダーがいました。彼からは、狭い視点にとらわれずに仕事をすること、ギバーとなることの大切さを学ばせてもらいました。その人は今、超大企業の社長をしています。

　ただし、アダム・グラントは「人に利用されるだけの、単なるいい人にならないように」ともアドバイスしています。

　その点は、注意しておきましょう。

成功するためには「ギバー」になろう

11 正しくないビジネスは、顧客にもメンバーにも見放される

　組織を率いる立場になると、目標や数字を達成することが一つの評価指標になります。順調なときもあれば、厳しいときもあるでしょう。そして、あなたにはプレッシャーがかかってくると思います。

　そのようなとき、つい**目先の数字を作りたいがために、本来あるべき姿やビジネスの本質を見失ってしまう**ことがあります。

✓ 誰に対しても胸を張って「正しい」と言えるか

　例えば、お客様が求めているものではなく、自分たちが売りたいものをゴリ押しして売ってしまう。他の部門の数字を何とかして自分たちの数字にできないかと画策してしまう、といったことです。

　これらは**本質から外れており、正しいビジネスではありません。**

　例えば、スーパーで大盛りのお弁当が安く売られているのを見て、これはお得だと買って家に帰って開けてみたら、ケースが上げ底になっていて、実は中身は大して入っていなかった……。こんな経験をしたことはないでしょうか。そのとき、あなたはそのスーパーに対して、いい感情が湧いたでしょうか？

　これを自分のビジネスに置き換えてみてください。顧客は一度はだまされてくれるかもしれませんが、2度目はありません。こうしたセールスがうまくいくのは、一時的なもので、長くは続きません。

　これほどわかりやすくなくても、微妙な判断で迷うことはたくさんあります。組織の中で仕事をしていると、様々な要素の板挟みになって、何が正しいのか判断が難しいこともあるでしょう。

　私が昔、一緒に仕事をしていた役員は、迷いが生じたら「自分の

胸に手を当てて、この判断は正しいだろうか。誰に対しても正しいと胸を張って言えるだろうか」と自問すると言っていました。

短期的な目標達成のプレッシャーに負けそうになったときには、あなたも胸に手を当てて考えてみてください。

数字のプレッシャーに負けず、本質を見極め、持続可能な成功に向けて進んでいきましょう。**正しくないことは続かないと信じ、誠実な姿勢で取り組んでいくことが、最終的な成功への扉を開きます。**

☑ 正しく誠実であることが、生き残りの唯一の方法

最高のサービスが、最高のセールスであるという言葉があります。

ビックリするくらいおいしいお弁当を食べたら、他の人にも「あのお弁当、すごくおいしかったよ」とすすめるでしょう。**本当に価値があるものは、そうやって自然に広まっていくのです。**

それがビジネスを正しく伸ばしていくということだと思います。

一方、正しくないやり方は、メンバーにも見抜かれています。メンバー自身にも後ろめたさを強いることになるため、**次第にメンバーの心はリーダーから離れていきます。**そうなると、もう組織として成果を出すことなどできません。

結局、目先の成功にとらわれず、着実に歩みを進めるのが一番です。**正しく誠実であることが、持続可能な成功につながる**のです。

誠実なビジネスこそが、 最後に「成功への扉」を開く

おいしいし、ボリュームあるのに値段も手頃な弁当だ！

ぎっしり

みんなにも教えてあげよう！

上げ底でスカスカじゃないか！おいしくないし、もう買うのはやめよう！

がっかり

買わないほうがいいって、みんなにも教えよう…

12 「成功した理由」を振り返って、さらに強くなる

　チームの頑張りのおかげで、目標を達成し、大きな成果を出すなどの「成功」を手にするのは嬉しいものですよね。そういうときはメンバー全員で「やったー！」と喜びを分かち合ってください。

　そしてその後に、ぜひやっていただきたいことがあります。それは、**「成功した理由を振り返る」**ということです。

　失敗したときに振り返りをすることはよくありますが、成功したときにこそ振り返りをしておくのです。

✓ 成功要因を振り返ることで、再現性を高める

　成功には「成功した理由」があります。その理由を探して、理解しておけば、次に同様の状況が訪れたときに、以前の成功要因をもう一度活用することができ、**成功の再現性を高められる**のです。

　成功した理由には、戦略がよかった、計画がよかった、実行アプローチがよかった、あるいは、いいメンバーをアサインできた、などの要因が挙げられるでしょう。

　もしくは、思いがけずに神風が吹いてくれて成功した、ということもあるでしょう。それはそれでラッキーだったと理解しておくことが大切です。そのラッキーをラッキーではなく、自分で引き起こせる方法はないか、と考えるのです。

✓ 成功要因を要素分解して振り返る「マトリクスPDCA」

　振り返りのアプローチは、2つあります。いずれの場合も、その仕事、タスクに関わったメンバー全員を集めて、振り返りをします。

　一つ目のアプローチは、149ページで解説した「マトリクス型のPDCA」です。

Plan と Do を書き出して、それに対して Check を行います。どの要素が成功につながったのか、と Check するのです。

PDCA は業務改善・進捗管理だけに使うものではありません。計画が成功した後の振り返りとしても、絶大な効果を発揮します。

✓ 時間軸で振り返ると、成功要因が洗い出される

2つ目のアプローチは、時間軸に沿って振り返る方法です。

一度終わって成功を収めた仕事を、もう一度最初に戻って、時間経過に沿って振り返ります。そして、あのときの判断が成功につながった、あのときの対応が奏功したなど、プロセスを振り返ります。

このように時間軸に沿って振り返りをすると、実は何気なくやっていたことが、結果的に成功につながっていた、という発見があったりします。

振り返りが終わったときには今回の成功要因が洗い出され、次回の仕事では、その成功要因を意図的に仕掛けていけばいい、ということがわかります。

成功確率を高めて成功を積み重ねられれば、組織を成長させることができますし、メンバーの自信やスキルアップにもつながります。

何より、**リーダーであるあなた自身の評価も上がる**のです。

成功要因を振り返ることで、再現性を高められる

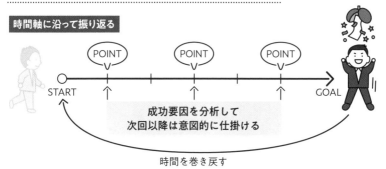

時間軸に沿って振り返る

START ── POINT ── POINT ── POINT ── GOAL

成功要因を分析して
次回以降は意図的に仕掛ける

時間を巻き戻す

Check Point

☑ **チームの目標と戦略は「経営目線」で考える**

　☐ リーダーは会社経営の一端を担う存在

　☐ 1年目リーダーは、1年間の年間目標と目標実現の戦略を考える

☑ **「KGI」と「KPI」で目標の達成度合いを数値化する**

　☐ 売上高や利益などの数値目標は「KGI」＝重要業績評価指標

　☐ KGI達成のための目標指標が「KPI」＝重要目標達成指標

☑ **「パレートの法則」と「ロングテール戦略」を使いこなす**

　☐ 上位2割の重要な仕事に上位2割のメンバーを割り当てる

　☐ 下位8割も切り捨てず、ロングテールを積み重ねる

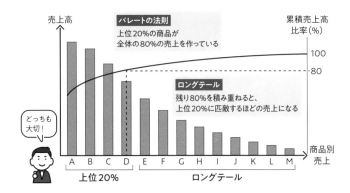

☑ **改善したければ「PDCA」は回してはいけない**

　☐ PDCAはマトリクスにしてチェック対象を明確にする

　☐ PDCAを有効活用するために実施のタイミングを決めておく

☑ **組織のムダを取り除いて生産性を高める**

　☐ ムダな仕事だと自覚しつつ継続するのは、心理的ストレスがかかる

　☐ 皆がムダだと感じている仕事は、概ねムダで間違いない

☑ **限られた条件で成果を出す、チームの戦い方を考える**

　☐ 「選択と集中」で絞り込み、「型化」で効率化と均質化を図る

　☐ 「型化」は手間がかかるが、リターンの大きい先行投資

☑ ビジネスは「とにかく数字」

　□ 「総数」「絶対数」「相対数」の3つを、目的に応じて使い分ける

　□ 「絶対数」と「相対数」は、ペアで語ることで意味が増す

☑ 成果につながる「進捗確認」をする

　□ 計画に対する実績の進捗管理は「数字」で正確に把握する

　□ 進捗管理の過程で見つけた遅れや課題を放置しない

☑ 適度な「ホウレンソウ」で上のリーダーを安心させる

　□ ホウレンソウの目的は、相手を「安心」させること

　□ 理想的な頻度は、相手の好みに合わせる。過度も過小もNG

☑ 他部署には「ギブ」をしまくる

　□ 困っている人がいたら、手を差し伸べられるリーダーになろう

　□ 「ギバー」は短期的には「テイク」がなくても、
　　　長い目で見ると大きなメリットを享受する

☑ 正しくないビジネスは、顧客にもメンバーにも見放される

　□ 正しくないことは続かない。誠実な姿勢こそが成功への扉を開く

　□ 最高のサービスが、最高のセールスである

☑ 「成功した理由」を振り返って、さらに強くなる

　□ 成功要因を振り返ることで、再現性を高められる

　□ 成功確率を高めて成功を積み重ねられれば、
　　　組織とメンバーを成長させられる。自分自身の評価も高まる

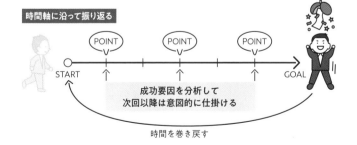

時間軸に沿って振り返る

START　POINT　POINT　POINT　GOAL

成功要因を分析して
次回以降は意図的に仕掛ける

時間を巻き戻す

第 **4** 章

サイクル・マネジメント

CYCLE MANAGEMENT

組織の「運営周期」を理解し、先手で仕事を設計する

どんな企業組織も「サイクル」、
すなわち一定の周期で動いています。
半期ごとや年間の決算があり、
次年度に向けて予算や計画を立てる。
そこに合わせて、組織の編成をし
人事評価や昇格も組み込みます。
仕事を設計する上では、この周期を理解し
「サイクル思考」で管理する意識が大切です。
後手に回らない、先手のマネジメントをしましょう。

01 組織の「運営サイクル」に合わせて仕事を設計する

企業や組織は、一定周期の繰り返しでビジネスを進めています。

ここで、まずベースとなるのは、「1年」という単位です。

会社の決算が年度区切りなので、おのずと会社組織の仕事は1年サイクルで回ります。

一方、**プロジェクトであれば、プロジェクトのスタートとエンド、そして、フェーズなど何かしらの節目で仕事をしていくでしょう。**

つまり、組織は何かしらのサイクルで仕事をしているのです。

しかし、少なくとも私の経験では、誰かにこのことを教えてもらった記憶はありません。**どういうスパンで物事を考えて、どのタイミングで何をしていくのか**、というのがまったくわからないまま、時期が来たら、突然「来年のプランを考えてください」「次年度の予算を提出してください」と、アナウンスが来るのです。

☑ 新体制の運営に必死で、サイクル仕事が後手に回る

日本の多くの企業は、4月スタートの3月締めのサイクルでビジネスをしているのではないでしょうか。

4月に新体制で新しい目標を設定して、年度をスタートします。組織の立ち上げに1〜2カ月かかり、ようやく軌道に乗るのが8月ごろ。そうこうしているうち、夏休みに入り、9月からいよいよエンジンをかけて年間目標を達成しようと意気込んでいると、もう10〜11月には次年度の予算を出してくれ、と言われるのです。

「そんなこと今、言われても……」「新体制のエンジンがようやくかかって、これから本番というタイミングなのに、来年度のことなんてまだ考えられないよ!」となるでしょう。

こんな風に受け身だから、**後手に回ってしまうのです。**

✓ 組織サイクルを念頭に、リーダーの仕事を設計する

でも、安心してください。

ほとんどのリーダーが後手に回しています。私自身も、つい最近まで、この考え方に気づかず、後手に回しまくってきたのです。

しかし、こんな私自身の反省を踏まえて、あなたには早くから**「サイクル・マネジメント」「サイクル思考」**という概念を知り、それらを踏まえて、組織をリードしていただきたいと思います。

まずは、**年次、期次、月次、週次などのサイクルを知ることから始めて、そのサイクルに沿ったリーダーの仕事を設計**しましょう。

サイクルの間隔は、会社や組織によって違います。プロジェクト型の仕事であれば、またさらに違うサイクルで動いているはずです。

そのため、**自分がリーダーとしてマネジメントする組織のサイクルを知る**ことが必要です。そして、そのサイクルに合わせた仕事の設計をしていきましょう。

1年サイクルをベースに仕事を設計する

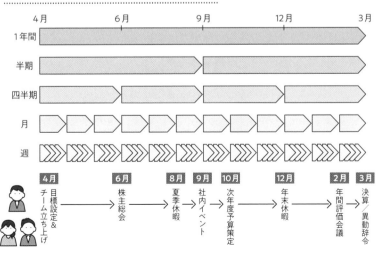

「1年間」の運営サイクルを 設計する

02

　組織の運営サイクルを考えるときの、一番大きな単位は「1年間」でいいでしょう。中期計画などでは、3〜5年先のことをプランしながら組織マネジメントをすることもありますが、これらも年次のサイクルに組み込むことでカバーできるので、**まずは年次サイクルを設計しておけば十分**です。

　ここでは一般企業の年度始めとなる、4月スタートで解説します。

☑ 4月：新しい年度をスタートする

　4月は、**スタートと立ち上げのタイミング**です。今年1年の目標をメンバーに発表し、新しい体制で1年間のスタートを切ります。新しいメンバーが参画してくることもありますし、新しい組織でのスタートとなることもあります。

　いずれにせよ、新年度のスタートでやることは、次の3つです。

❶年間方針の発表とキックオフ
❷組織メンバーとの顔合わせや1 on 1
❸メンバーの年間目標の設定

❶〜**❸**の立ち上げに、1〜2カ月かかると想定しておきます。

　次に、1年の目標に向けて実際に**組織を運営**します。運営には月次や週次のサイクル設計が必要になります。組織運営については、次項で詳しく解説します。

☑ 10月：翌年度の予算を提出する

　4月に新年度のスタートを切り、ようやく新体制が軌道に乗ってきた9月には上半期は終わりを迎えます。そして、下半期はすぐに次年度の計画が始まります。多くの企業では、10〜11月頃に翌年度の

予算提出があります。来年度、何をしたいからこれくらいの予算が必要だ、と申請するのですが、予め綿密に考えておかないと、期限がない中で「とりあえず」の予算提出をしてしまうことになります。

✓ 1〜3月：組織を編成して、年間計画を策定する

予算提出にバタバタしていると、あっという間に年末です。そして、年が明けた1〜2月には**次年度の組織を考えて**、3月までに**年間計画を策定**しなければいけません。

メンバー時代はあまり関係のなかったイベントですが、リーダーになると、このサイクルに追われることになります。ぼんやりしていると、あっという間にその時期がやってきて、考える間もないうちに、どんどんイベントだけが通り過ぎていくことになります。

リーダーになったら、**自分の組織の年間サイクルをいち早く確認して、それを自分の年間の活動計画に組み込む**ようにしましょう。

また日本では、1年間に大型連休が、GW（ゴールデンウィーク）、夏休み、年末・年始と3つあります。これも頭に入れておかないと、重要なタスクイベントと連休が重なってしまい、間に合わなくなります。余裕を持ったサイクル設計が必要です。

自分の組織の年間サイクルを活動計画に組み込む

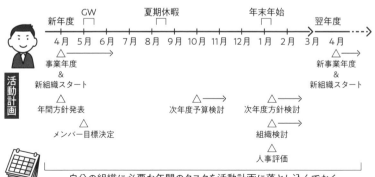

自分の組織に必要な年間のタスクを活動計画に落とし込んでおく

03 チームの運営サイクルは「1週間」と「1カ月」で設計する

次にやるのは、**週次と月次の運営サイクルの設計**です。

管理会計上の組織サイクルと、プロジェクトベースの運営サイクルは少し違いますので、ここではそれぞれのケースを解説します。

✓ 組織の運営サイクルは、管理会計の数字の確認がメイン

組織の場合、**年間の売上計画やコスト管理などの管理会計の数字のマネジメント**をしなければなりません。リーダーがどこまでの数字をマネジメントするかは会社によって異なりますが、私の経験上、日系企業は損益計算書（P/L）の数字を管理することが多く、外資系企業はもっとシンプルな数字を管理することが多いようです。

日系にしろ、外資にしろ、組織を運営するときには、**週次と月次のサイクルで定例会議**を設計します。

週次サイクルの定例会議は、組織のメンバーに**前週の状況の振り返りと今週のタスクの指示出し**をするために行います。

タイミングは、月曜の午前中がいいでしょう。目的は、前週の振り返りをしつつ、今週新たに何をしなければいけないか、という指示出しや上層部から下りてきた情報を共有することなので、週の最初に行うのが効果的です。

月次サイクルの定例会議は、**組織の数字の確認**が主な目的となります。**損益計算書ベースで、年間目標に対しての月次での進捗確認**を行います。売上は計画通りか、経費などにムダはないかなどの確認です。

この月次作業はかなり労力がいるので、きちんと定例のサイクルを設計しておかないと、毎月バタバタすることになります。

☑ プロジェクトの運営サイクルは、進捗確認がメイン

プロジェクト活動の場合、年間の目標というサイクルではなく、**プロジェクトの開始と終了のマスタースケジュールがあり、それをフェーズで区切って運営する**ケースがほとんどです。

従って、**主な定例サイクルは週次の進捗確認会議**となります。

プロジェクトの進捗会議の場合は、週明けではなく、水・木曜日あたりに行うのがいいでしょう。

その理由は、プロジェクトの場合、予定に対する実績確認が主な確認事項となるからで、週明けてすぐだと前週のタスクの記憶が薄れてしまいます。さらに、**プロジェクトに問題が発生したときに、週末をまたがずにアクションを取れるようにするため、金曜日の開催ではなく、水・木曜日での開催**が望ましいのです。

また、プロジェクトでは月次での確認事項というのはあまりないので、月次サイクルの定例会議を設けることはほとんどありません。ただし、プロジェクト体制が大きくなったときなどはプロジェクトメンバー全員にプロジェクト状況を共有するような月次の全体会議を設定することもあります。

月次の定例会議は、プロジェクトの規模などを見ながら必要に応じて設計するといいでしょう。

チームの運営サイクルを週次と月次で設計する

Monthly Calendar

○月

Sun	Mon	Tue	Wed	Thu	Fri	Sat
	△週次イベント		△進捗会議		△月初イベント	
	△週次イベント		△進捗会議		△週次イベント	
	△週次イベント		△進捗会議		△週次イベント	
	△週次イベント		△進捗会議		△月末イベント	

月初・月末・週次のサイクルを曜日や日付で設計しておく

04 「定例会議」を最強の コミュニケーション・ツールにする

前項で月次と週次の定例会議について解説しましたが、仕事をする上では、他にもいくつもの定例会議があります。

例えば、タスクフォースの定例会議や、上位マネジメントレイヤーだけの定例会議などもそうです。

リーダーにはこれらの定例会議をどのように運営していくかも非常に重要な課題です。**定例会議の運営がうまくいかなれければ、時間だけが浪費されてしまい、意味のない会議の繰り返し**となります。

会議体については、プロジェクトマネジメントの世界でも重要視されていて、**「コミュニケーション・マネジメント」というカテゴリーで重要な管理項目として定義**されています。それほどまでに、会議は組織やプロジェクトを運営する上で、カギを握っているのです。

✓ 定例会議に絶対欠かせない、3つの設計項目

定例会議の設計には3つの重要な項目があります。

それは、

❶スケジュール

❷参加者

❸アジェンダ

です。

❶のスケジュールについては、曜日と時間を固定して運営します。変動にしてしまうとセットアップが大変なので、早めに固定化して予め出席メンバーのカレンダーにも登録しておきましょう。

❷の参加者については、**必要なメンバーだけに絞り、不要なメン**

バーは招集しないようにしましょう。ときどき、念のためといって全員で集まっている定例会議を見かけますが、時間のムダです。逆に、必要な人が参加していない会議も意味がありません。

　参加すべき人が参加できる定例枠を、セットすることが必要です。

　❸の**アジェンダも固定**しておきましょう。毎回考えるのは大変です。定例のアジェンダの最後に「その他」の項目を設けておき、都度都度のトピックはそこで議論するといいでしょう。

　会議用の資料なども、定例会議ごとに共有フォルダを作成し、格納しておきます。当日参加できなかった人がいたとしても、そこを見れば資料をすぐに探せるので効率的です。

✓ やるなら続ける、不要になったらスッパリやめる

　最後に、定例会議の運営で一番重要なことをお伝えします。

　それは、**「やり続ける」**ということです。

　仕事が忙しいなど、いろいろな理由をつけて、やったりやらなかったりしていると、定例会議はすぐに形骸化してしまいます。きちんとやり続けることが大切です。

　一方で、もし定例会議が不要になったと感じたら、「やめましょう」と宣言をして、メンバーの招集をなくすようにしましょう。

　慣例だからとずるずる続けるのが、一番よくありません。

定例会議はパターン化しておく

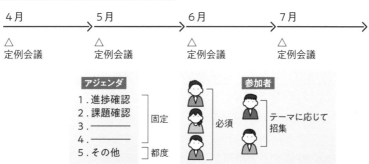

CYCLE MANAGEMENT

05 懇親会は「立食」スタイルで、 メンバーの交流を活性化

　組織を運営していると、新体制の立ち上げやプロジェクトのキックオフ、フェーズの切れ目、半期サイクルの節目など、いくつもの区切りがやってきます。

　こうしたとき、チームをまとめ、士気を高めるために**「懇親会」**を実施することがあると思います。このとき、ただ集まって飲み会をするのではなく、高い効果を狙った懇親会を開催しましょう。

　私のおすすめは、**立食形式**です。

✓ 着席だとおなじみメンバーでいつもの会話をするだけ

　一般的には、懇親会は着席スタイルが多いと思います。しかし、私は、こだわってなるべく立食スタイルにしています。

　というのも、着席スタイルでは、結局いつもおなじみのメンバー同士で同じテーブルに固まってしまい、普段と変わらない話をして解散しまうからです。これでは、せっかく集まる意味がありません。

　一方、**立食だと自由に動き回れるので、交流が固定されることがなく、普段は会話しないような人とも交流することができます。**

　小さなイタリアンのお店だと貸し切れることもあるので、おすすめです。立食でも着席でも、懇親会の会費は大して変わりません。

✓ 立食だと前向きな会話が増える

　これはあくまでも私の経験則に基づく感覚ですが、着席スタイルのときの会話は愚痴が多くなる気がします。

　仕事の愚痴や他部門の愚痴、仕事でうまくいっていない話など、ネガティブな会話がよく交わされているように思います。

　しかし、**立食のときは不思議と前向きな会話が多くなります。**

せっかくメンバーが集まるのですから、明るくポジティブな会話をする懇親会にしたいものです。

✓ 懇親会はやってもやらなくても賛否両論の声が上がる

ただし昨今、懇親会についても賛否両論、様々な意見があります。

やったほうがいいという声もあれば、やらないほうがいいという意見もある。若手社員は、終業後の拘束を嫌うという話も聞きます。

そこに正解はありません。私も悩みますが、両方の意見が拮抗しているなら、**リーダーが「こうしたい！」と思うほうに決めるのがいい**と思います。

やってもやらなくても、どっちにしても反対意見が上がるなら、チームマネジメントの方針として決めればいいでしょう。

ただ、気をつけなければいけないのは、**参加を強要してはいけない**ということです。また、欠席しづらい雰囲気をつくるのもNGです。それはチームマネジメント上もよくありません。

そして、やるなら断然、立食をおすすめします。毎回、初めて立食懇親会を経験したメンバーからも、いい反応をもらいます。

ぜひあなたも、一度試してみてください。

懇親会は「立食」でコミュニケーションを活性化

立食スタイル
ポジティブな会話
自由に動き回れるので多くの人と会話ができる

着席スタイル
ネガティブな会話
コミュニケーションが限られ、懇親の効果が薄い

CYCLE MANAGEMENT

06 「定期的」に振り返るから、大きな成果を生み出せる

多くのリーダーと接する中で、私は、大きな成果を出す優秀なリーダーには、共通して「ある習慣」があることに気づきました。

それは**「振り返り」**です。

振り返りの重要性については、164ページでも解説した通りですが、計画したビジネスプラン、設定した目標に対して**進捗を確認しつつ、これまでやってきたことを検証**するのです。

☑ 定期的な振り返りで、計画の精度を上げる

仕事とは、たいていの場合うまくいかないことばかりです。

そのとき、**何がうまくいかなかったのかを振り返り、次回の改善点**とします。その繰り返しで、だんだん計画の精度や、うまくいく確率が上がっていきます。そしてそれが、大きな成果につながるのです。

ポイントは、**「定期的」に振り返る**ということです。

サイクルでリーダーの仕事を設計するのと同じように、振り返りもサイクルで設計しておくといいでしょう。

例えば、**1年サイクルでのビジネスプランに対する振り返りであれば、3カ月に一度、つまり四半期に一度は振り返りをしたほうが**いいと思います。

プロジェクトであれば、少なくともフェーズの切れ目で振り返りをするようにします。この2つのスパンを軸にして、あとは状況に応じて振り返りのサイクルを設計しましょう。細かくやったほうがいいときには細かく刻み、長めでもよさそうなら間隔を空けるなど、状況を見ながら柔軟にスパンを設定するといいと思います。

振り返りの詳しい方法については、149 ページと 164 ページで解説したマトリクス PDCA と時間軸を逆算する方法を参照してください。

✓ 「年間計画」の振り返りを踏まえて、次年度の計画を立てる

　振り返りの中でも、最も大切なのが「年間計画」の振り返りです。年度始まりの 4 月に「今年はこういう計画でいきます！」と宣言した内容に対する振り返りです。

　なぜ年間計画の振り返りが大切かといえば、**年間の計画は大体うまくいかないもの**だからです。

　うまくいかなかったことは、組織のメンバーは皆、知っています。それなのに、まるで何の問題もなかったかのように次の年にまた新しい計画や目標を設定する。そして、「今年は頑張りましょう！」というひと言で片付けてしまう……。

　これでは、メンバーのモチベーションは下がってしまいます。

　きちんと振り返りをし、**なぜうまくいかなかったのか、結果とともに原因の分析を共有し、それらの検証や反省を踏まえた年間計画を立てる**ようにしましょう。

定期的に振り返って成果を生む

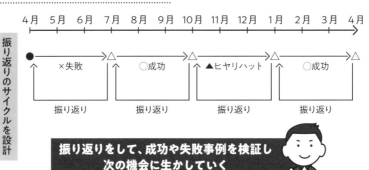

07 メンバーの「年間評価」も サイクルで設計する

　メンバーのパフォーマンスや年間活動に対する「評価」は、リーダーにとって責任の重い、極めて重要な仕事です。

　評価サイクルは、通常１年サイクルです。リーダーは、１年を通してどのようにメンバーとコミュニケーションしていくか、予め設計しておきましょう。

　コミュニケーションサイクルは、**半年周期と、１カ月周期の２つ**で考えます。

✓ 定期コミュニケーションを評価サイクルに組み込む

　まず、年度初めに**メンバーの年間目標を設定**します。多くの組織では、人事部門から目標設定のガイドラインやスケジュールの案内があるので、それに従って進めます。

　年度終わりには、年間の評価をつけて、メンバー本人にフィードバックします。これも人事のガイドに沿って行うことになるでしょう。

　このスタートとエンドの間で大切なのが、**定期的なコミュニケーション**です。基本的には、**月に１回の１ on １コミュニケーションと、半年区切りでのフィードバック面談**をおすすめします。

　普段、仕事上でコミュニケーションを取っていたとしても、**仕事の話とは切り離して１ on １を設定する**のが望ましいと思います。

　ここでは、キャリアの相談や、仕事の悩み、パフォーマンスや課題について会話するようにしてください。あえて目の前の仕事の話はしないことで、メンバーの視野を広げ、キャリア的な観点で本人の課題や強みを共有し、アドバイスすることが狙いです。

　そして、半年をメドにそこまでの活動のフィードバックをします。

☑ コミュニケーションの目的は、メンバーの「成長支援」

このように、スパンを区切ってコミュニケーションをすることには2つの目的があります。

一つは、**メンバーの成長速度を速める**ためです。メンバーは放っておかれると、自分の課題に気づくのに時間がかかったり、へたをすると気づかないこともあって、改善に時間がかかります。

それを、リーダーの視点で、定期的に課題や強みを伝えることで、成長速度を格段に上げるのです。**途中で評価することが目的ではありません。**あくまでも、メンバーの成長を速めるのが目的です。

もう一つは、年度末の評価で**大きな期待値ギャップを生まない**ようにするためです。

リーダーは、メンバーのモチベーション維持のために、足りない点をフォローしたり、あえて本人に伝えない場合もあるでしょう。

しかし、それでは本人は自分の課題に気づけないまま。**いつも前向きなことしか言われないのに、年間評価で低い評価をつけられればストレスになり、リーダーに対する不信感にも**つながります。

そうならないために、定期的な1 on 1を活用するのです。

メンバーとの定期コミュニケーションも、リーダーの年間サイクル設計の中に組み込んでおきましょう。

メンバーの「年間評価」もサイクル設計に組み込む

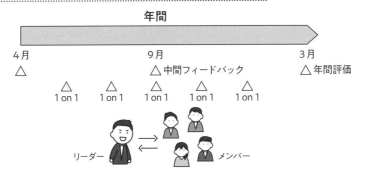

08 組織の「運営サイクル」を メンバーと共有する

　本章の冒頭で触れたように、私自身がこのサイクルで仕事をするようになったのは、つい最近のことです。

　しばらくは、この「サイクル思考」に気づかず、いつも後手に回してばかりいました。さらにいうと、この思考にたどり着いた後も、しばらくはマネジメントがうまくいきませんでした。

　今だからわかるのですが、うまくいかなかった理由の一つは、**メンバーと運営サイクルを共有していなかった**ことです。

✓ 「運営サイクル」は、誰か一人が欠けても後手に回る

　つまり、リーダー一人が「サイクル思考」で仕事をしようとしても、メンバーとその思考やスケジュールが共有できていなければ、サイクルは破綻し、後手に回すことになってしまうのです。

　組織の仕事はリーダー一人で完結するものは何一つないので、メンバー全員が同じサイクルで仕事をしないと、とても非効率なサイクル運営になってしまいます。

　逆に、メンバー全員が、その組織の運営サイクルを理解してくれれば、組織マネジメントの効率は一気に上がるということです。

　従って、メンバーには**必ず年度初めに「今年はこのような運営サイクルで仕事をします」というメッセージ**を、共有しましょう。

　そして、**定例的なものは共有カレンダーにスケジュール登録**をしておくのです。

　サイクルの仕事は、できるだけ自動的に回るように設計・運用することが、サイクル・マネジメントをスムーズにする秘訣です。

☑ 「運営サイクル」の共有が、強いチーム作りのスタート

　以下に、ここまで解説してきた「運営サイクル」の考え方について図にまとめておきます。

　これを参考に、あなたなりのサイクル設計をしてみてください。

　運営サイクルをチームメンバーと共有することは、成果にこだわる、強いチームを作るための土台作りといっても過言ではありません。メンバー全員が、同じカレンダーと時計を持つ。すべてはここから始まります。

　あなたも、効率のよい組織運営をめざしていきましょう。

チームの運営サイクルはメンバーと共有する

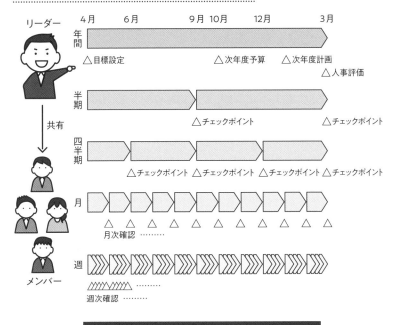

**運営サイクルをメンバーも理解しておくと、
マネジメントがスムーズになる**

09 常に「一歩先」を考えて仕事をする

「サイクル思考」で仕事をするということは、**常に先のことを考えて仕事をする**ということです。

例えば年度初めの春から、半年後の秋には次年度の予算を考えないといけない、ということを念頭に置いて仕事をするのです。

しかし、これは頭ではわかっていても、実際に実行するのはなかなか難しいものです。なぜなら、私たちは目の前の仕事に追われると、先のことを考える余裕がなくなるからです。

そこで、目の前の仕事をこなしながらも、先のことも考えられるようになる、コツをお伝えします。

☑ 年間カレンダーに、運用サイクルのイベントを書き込む

対策としておすすめなのは、「カレンダー」を活用することです。私は、卓上カレンダーや手帳の年間カレンダーを使います。

会社の年度が４月始まりの場合は、カレンダーも４月始まりに合わせるほうがいいでしょう。

そのカレンダーに、**年間の大きなイベントやマイルストーン**、例えば、次年度計画の策定や、半年の振り返りなどを、具体的に書き込んでいきます。

そうすると、**この時期にはどんな準備ができていないといけないとか、この時期にはこれが終わっていないといけない**、といったことが自然とイメージできるようになります。

さらに、その**カレンダーを少なくとも週１回は眺めて**ください。

すべてを頭に入れておくのは難しいので、手帳やカレンダーに書き込み、定期的に眺めることで、半ば強制的に考えるようにします。

✓ カレンダーを通して、「未来を想像」する

　こうしてカレンダーを眺めることで、これまで気づけていなかった作業やタスクの抜け漏れに気づくこともあります。

　私自身も、例えば、３カ月後に思わぬ連休があることに気づいたり、２カ月後に迫ったサービスインに向けて、具体的な作業の抜け漏れに気づくこともありました。

　以前、大炎上プロジェクトを担当していたときは、この「眺める」という作業を月曜と金曜の週２回やっていました。

　大きく遅れを取っていたプロジェクトだけあって、１週間で状況ががらりと変わることも多々あったので、週１回では間に合いません。月曜に現状と未来を確認し、金曜に改めて現状と未来を確認し翌週の動きをイメージする、ということを繰り返していました。

　まだ見ぬ未来を想像しながら仕事をするのは、なかなか難しいものです。そこで、**カレンダーという「物理的な道具」を「実際に見る」ことで、未来を考える一助にする**のです。シンプルですが、意外と有効なツールです。あなたもぜひ、活用してみてください。

年間カレンダーを見て、サイクル思考を研ぎすます

Yearly Calendar

1月	2月	3月	4月	5月	6月

7月	8月	9月	10月	11月	12月

年間カレンダーを見ると、
未来をイメージしやすい

第**4**章
サイクル・マネジメント
CYCLE MANAGEMENT

Check Point

☑ 組織の「運営サイクル」に合わせて仕事を設計する
  - ☐ 組織の仕事には、予算や評価など「運営サイクル」がある
  - ☐ 「サイクル思考」で仕事を設計すれば、後手に回すことがなくなる

☑ 「1年間」の運営サイクルを設計する
  - ☐ 自分の組織の年間サイクルをいち早く確認して、
    活動計画に組み込む
  - ☐ GW、夏季休暇、年末年始などの大型連休も考慮に入れる

☑ チームの運営サイクルは「1週間」と「1カ月」で設計する
  - ☐ 組織の運営サイクルは、管理会計の数字確認がメイン
  - ☐ プロジェクトの運営サイクルは、進捗確認がメイン

☑ 「定例会議」を最強のコミュニケーション・ツールにする
  - ☐ 「定例会議」は、組織やプロジェクト運営における重要管理項目
  - ☐ 定例会議の設計3項目は「スケジュール」「参加者」「アジェンダ」
  - ☐ やるなら続ける、不要になったらスッパリやめる

☑ 懇親会は「立食」スタイルで、メンバーの交流を活性化
  - ☐ 「着席スタイル」では交流が固定され、愚痴が多くなりがち
  - ☐ 「立食スタイル」では交流が広がり、前向きな会話が増える
  - ☐ 懇親会の開催には賛否両論の意見が出るもの。
    最後はリーダーの意思を反映させ、参加は強要しない

☑ 「定期的」に振り返るから、大きな成果を生み出せる
  - ☐ 四半期に一度の振り返りで、計画の精度を上げる
  - ☐ 年間計画の振り返りで、うまくいかなかった原因を分析＆反省して、
    次年度の計画に反映する

☑ メンバーの「年間評価」もサイクルで設計する
  - ☐ メンバーとの定期コミュニケーションを評価サイクルに組み込む
  - ☐ コミュニケーションの目的は
    メンバーの「成長支援」と「期待値ギャップの解消」

☑️ 組織の「運営サイクル」をメンバーと共有する

　☐ 組織の仕事は、リーダー一人で完結するものは何一つない

　☐ 「運営サイクル」の共有は、
　　　成果にこだわる強いチームを作るための土台作り

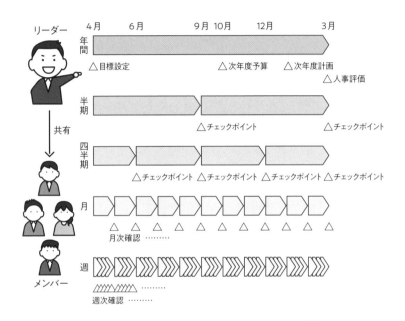

**運営サイクルをメンバーも理解しておくと、
マネジメントがスムーズになる**

☑️ 常に「一歩先」を考えて仕事をする

　☐ 「年間カレンダー」に、運用サイクルのイベントを書き込む

　☐ カレンダーを通して、「現状」を確認し「未来」を想像する

第 **5** 章

メンタル・マネジメント

MENTAL MANAGEMENT

成果を上げるリーダーの「心」の防衛術

ビジネスシーンでメンタル問題というと、
とかくメンバーに関心が向きがちです。
しかし本来は、多方面からストレスがかかるリーダーにこそ
メンタルケアが必要です。
リーダーのメンタルは、あまり気にかけてもらえません。
自分のメンタルは、自分自身で
マネジメントする術を学びましょう。

ポジティブなリーダーが、ポジティブなチームを作る

01

あなたはメンバーのとき、ポジティブなリーダーとネガティブなリーダー、どちらのもとで仕事がしたいと思っていましたか？

ネガティブなリーダーと一緒に仕事がしたい、と答える人は、おそらくほとんどいないでしょう。ですから、あなたには、ぜひともポジティブなリーダーをめざしていただきたいと思います。

☑ リーダーが後ろ向きだと、チームは前に進まない

「いや、私はそんなにポジティブな性格ではないし」とか「どちらかというと、もともとネガティブなんです」という人もいるかもしれません。しかし、**ポジティブな振る舞いは、リーダーが身につけるべき必須スキル**です。ですから、地の性格にかかわらず、努力してでも、ポジティブさを身につけるようにしてください。

そのためにできることとして、まずは、自分が発する言葉を「前向き」にするところから始めましょう。

例えば、次の２つの言葉は、どちらが好感を持てるでしょうか？

「今年の目標達成、厳しいなぁ、もしかしたら無理かもなぁ」
「目標達成まで厳しいけど、何とかなるよ。何とかしよう！」

間違いなく、後者のほうが前向きな気分になったのではないでしょうか。どちらも状況は同じなのに、発する言葉によって受け取る側の気分が明るく、ポジティブになります。逆に、リーダーがあきらめモードになってしまったら、メンバーもあきらめてしまいます。

このように、**リーダーが前向きか後ろ向きかは、チーム全体の雰囲気に大きな影響を与えます。**チームが成果を出すためには、リー

ダーはチーム全体をポジティブで前向きにしなければいけません。

　リーダー1年目のあなたには、最初は難しいかもしれません。しかし、これは一つのスキルです。取り組めば必ず身につきます。

☑ 前向きな言葉で前向きになる

　数年前のこと、トラブルプロジェクトのPMが役員にプロジェクトの状況報告をしている会話を耳にすることがありました。

PM　「状況は極めて厳しいです。いばらの道です」
役員「いばらの道でも、道は道や。道があるだけましや。歩け〜！」
PM　「もう足、痛いです」
役員「靴くらい履け〜！」

　この会話では、何一つプロジェクトの問題は解消されていません。しかし、**役員の発する明るく前向きな言葉のおかげで、明らかにこの場の雰囲気が変わったのを感じました。皆で困難に立ち向かっていこうという、「前向きな空気」に変わった瞬間でした。**
「難しいけど、やりがいがあるね」
「チャレンジングだけど、ここを乗り越えたら、また成長できるよ」
　など、前向きな言葉でチームをポジティブに導いていきましょう。

前向き発言でチームをポジティブに

02 リーダーに課される「責任」を、深刻に受けとめすぎない

　リーダーは、組織の成果や出来事に対して、責任を持っています。この「責任」というのが厄介で、そのプレッシャーに押しつぶされてしまいそうになるリーダーもいます。

　そこで、私からのアドバイスをお伝えしたいと思います。

☑ どうせ大した責任なんてない

　「この仕事、きちんと責任を持ってやってくれ」といわれることがあります。この場合の「責任」とは、一体何なのでしょうか？

　よく考えてみれば、「責任」とは、あってないようなものです。

　なぜかといえば、**目標を達成できなくても、ミッションを達成できなくても、多少失敗をしたとしても、何か罰則があるわけではありません。実質的には何も変わらないからです。**

　もちろん、怒られたり、その年の評価が下がったりすることはあるかもしれませんが、それも一時的なものです。

　なぜなら、あなたがその仕事に一生懸命に取り組んでいたならば、上の人はそれをきちんと見ているからです。結果として失敗したとしても、**仕事の結果は、時の運に左右される**側面もあります。上の人は、それをちゃんとわかっているのです。

　ただ、**一生懸命に取り組まなかった結果の失敗は「論外」**です。

　「責任」を過剰に重く捉えすぎるのではなく、自分に与えられた仕事を一生懸命にやる、ということに集中するといいでしょう。

☑ メンバーの一挙手一投足まで責任を持つ必要はない

　リーダーは、メンバーの言動に対してクレームを受けることもあります。調査資料や見積もりに誤りがあった、依頼したことが期限

を過ぎても出てこない、などクレームはいろいろあるでしょう。

　組織の外の人は、メンバーに対するクレームは、本人ではなく、組織の代表者として、リーダーのあなたに伝えます。このとき、メンバーのミスに対して、あなたが必要以上に責任を感じることはないと思います。

　確かに、チームメンバーの過失は、リーダーの責任です。しかし、だからといって、リーダーがメンバー全員の一挙手一投足まで管理できるわけではないので、ケアをしたりフォローをしたりするにも限界があります。

　ですから、**一つひとつの細かなクレームはさらっと受け入れるくらいにしておきましょう。**深刻に受けとめていては、あなた自身のメンタルが持ちません。

　ただし、普段からメンバーの育成やフォローがまったくできてないとすれば、それはリーダーの仕事を放棄しているようなもの。そこはきちんとやっておいてください（☞第1章＆第2章を確認）。

「責任」の重さをどう捉えるか。それはあなたの考え方次第です。**プレッシャーに押しつぶされることがないように、肩肘張らずに少し力を抜くくらいがちょうどいいと思います。**

リーダーが負うのはチーム全体の「成果」の責任

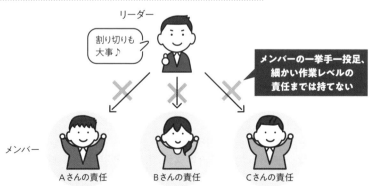

リーダー

割り切りも
大事♪

メンバーの一挙手一投足、
細かい作業レベルの
責任までは持てない

メンバー

Aさんの責任　　Bさんの責任　　Cさんの責任

03 リーダーが一番優秀である必要はない

　1800年代のアメリカで、鉄鋼王とも称され多くの成功を収めたアンドリュー・カーネギーという大実業家がいます。彼は多くの名言を遺しましたが、その一つに、次のようなものがあります。

「己よりも優れた者に働いてもらう方法を知る男、ここに眠る」

　カーネギーが自らの墓碑に刻ませた言葉です。
　これは、彼がなぜ数々の偉業を成し遂げることができたのか、その理由を端的に示している言葉だと思います。つまり、カーネギーは自身の才覚だけで成功を収めたわけではないということです。
　優れた人材を見出し、仕事を任せることができたからこそ、事業を拡大することができた。一方で、優秀な人材を集め、働いてもらうことの難しさと大切さも熟知していたのだと思います。

☑ リーダーに「メンバー的な優秀さ」は求められていない

　リーダーであるあなたは、自分より優秀なメンバーを見ると焦りを感じてしまうかもしれません。メンバーより仕事ができないリーダーなんて、舐められるのではないか、呆れられるのではないか、と不安は尽きません。また、若くしてリーダーに昇進したことへの妬みからか、「リーダーのくせに、こんなこともできないのか」と、マウントを取ってくるメンバーもいるかもしれません。

　しかし、ここではっきりお伝えしておきましょう。
　リーダーは、チームの中で一番優秀である必要はありません。
　自分が優秀でないことに不安を覚えたり、焦りを感じたりする必

要もありません。なぜなら、リーダーに求められている役割は、そういう優秀さではないからです。

✓ リーダーは「マネジメント」で結果を出すべき

リーダーに求められている役割とは、**「マネジメント」**です。

組織をマネジメントする、メンバーをマネジメントする、ビジネスをマネジメントする、これらに長けていることが重要です。

リーダーは、組織の成果を上げるために、メンバーを育て上げたり、スキルに応じて仕事のアサインを調整したりするのです。

そして、**メンバーが気持ちよく仕事をし、最大限のパフォーマンスを発揮できるように環境を整える。それがリーダーの仕事**です。

確かに、リーダーが現場の仕事を隅々まで熟知し、様々な現場スキルを持っていることは、素晴らしいことではあります。しかし、それはマスト（必須条件）ではありません。必ずしもすべての領域でメンバーよりも優秀である必要はないのです。

リーダーになった以上は、現場のスキルが足りないことに焦りを感じるのはやめにして、優秀なチームを作り、メンバーにいい仕事をしてもらうことに全力でフォーカスしていきましょう。そこに、最大限の努力をしていくべきだと思います。

リーダーに求められているのは"優秀さ"ではない

リーダー

優秀なメンバーを率いて
"大きな成果"を出すのが
リーダーの仕事

優秀なメンバー

チーム内の仕事は優秀なメンバーに任せる

04 「悪口」や「不平不満」は封印する

　リーダーは、立場上多くのストレスを抱えます。

　メンバー時代と比べて、接する人や部門が増え、中間管理職として上下に挟まれるからです。そんなとき、他部署のメンバーやチームのメンバーについて、悪口の一つも言いたくなるかもしれません。しかし、そこはぐっと堪えましょう。

✓ ネガティブ発言の3つの悪影響

　理由は3つあります。

　一つは、**メンバーがついてこなくなる**からです。悪口を言うリーダーの下では仕事が楽しくならないので、メンバーが前向きになれません。それはチーム全体のパフォーマンスに影響するのはもちろんのこと、メンバーの心もリーダーから離れてしまうのです。

　2つ目の理由は、**上層部から評価されなくなる**ことです。上層部は、現リーダーの中から、次のポジションのリーダー候補を考えます。ネガティブ発言が目立つリーダーは、その候補に選ばれません。

　そして3つ目は、**悪口を言った相手とも、いずれ一緒に仕事をする日が来る**からです。それまであなたが口にした悪口や不満は、不思議なもので本人に伝わっています。昔から「人の口に戸は立てられぬ」と言うように、リーダーの発言は漏れ伝わるものだからです。

　長いキャリアを歩んでいると、メンバーが横並びのリーダーになったり、隣の組織のリーダーを自分がやることになったりと、交わらないと思っていた人たちと仕事をする局面が出てきます。

　そうなったとき、悪口を言われていた人は気持ちよく仕事をしてくれないでしょう。時には足を引っ張ってくるかもしれません。

　ですから、悪口を言うことに何のメリットもないのです。

☑ 「つい」に気をつける

　悪口、不平不満は、言うまいと思っていても、「つい」言ってしまうものです。なぜかというと、「言わない」こと自体がストレスになるからです。ストレスを吐き出せないことがストレスなのです。

　もう一つ、理由があります。それは、同じ不平不満を抱えている仲間がいることを確認をしたいからです。自分だけでなく、他の人も同じようにストレスを抱えている、という安心感を得たいのです。

　これらが気持ちの根底にあるので、自分からは言わないようにしていても、誰かが口火を切ると、つい、乗ってしまいます。

　ちょっとした雑談の中で誰かが言い始めたり、飲み会の場でそのような話になってしまったりということがよくあります。

　しかし、そのような場面でも、私が見てきた**優秀なリーダーたちは「努力」して、他人の悪口を言わないように自制していました。**

　同意しなかったり、話をそらしたりして、できるだけ自分はその噂話に乗らないように会話をコントロールしていました。ネガティブ発言をすることは、百害あって一利なしと知っていたのでしょう。

　メンタルコントロールの一つとして気をつけておきましょう。

リーダーになったら「悪口」「不平不満」は封印

上位リーダー

リーダー

文句　　悪口　　本人に伝わる

カチン

イラッ

メンバー

モチベーションが下がる

この人たちとも
いつか仕事をする日がくる

05 少しでもメンタルを楽にする謝り方

　リーダーになると、「謝る」というシチュエーションがどうしても増えます。メンバー時代には自分自身のミスで謝るだけでしたが、リーダーという立場になると、チーム全体のことやメンバーの失敗に対しても謝らなければいけなくなるからです。

　私もたくさんの「謝罪の場」を経験してきました。謝罪の場は、これもまた、メンタルがえぐられるような疲弊する場でした。

　だからこそ、少しでも気持ちが軽くなる方法や、余計な仕事が増えてさらにメンタルをやられてしまうことがないような謝罪法を身につけておくといいと思います。

　ここでは、私の対処法を2つ伝授しておきたいと思います。

✓ 対処法❶ むやみに謝らない

　私自身は、これまでたくさんのトラブルプロジェクトのリカバリーをしてきた経験から、「すみません」や「申し訳ありません」といった謝罪の言葉を、簡単には口にしないようにしています。

　その理由の一つは、**謝るという行為は、自分たちの落ち度を認めることであり、その先に漏れなくリカバリーや、状況の改善といった対応が付いてくる**からです。

　例えば、プロジェクトで品質についての指摘やクレームを受けたときに、すぐに「申し訳ありません」と落ち度を認めてしまうと、それはどんなに時間とコストがかかったとしても、リカバリーせざるを得なくなるのです。

　「こんな品質だとダメだよ。こっちはお金払っているんだから、ちゃんと全量見直ししてね」と言われかねません。

　そんなに簡単に全量を見直すようなことをしていては、ビジネス

は成り立ちません。うかつに謝ったことで、余計な仕事が増えてしまうと、またそれが新たなストレスになります。

✓ 対処法❷ とりあえず早く謝る

　もう一つは、先ほどとまったく逆で、問題が発生した場合や、クレームを受けた場合など、まずはすぐに謝るというアプローチです。

　このアプローチの目的は、怒りの火を小さなうちに消しておくことです。時間がたつほど怒りが大きくなったり、2次災害、3次災害が発生したりして、さらに怒りが増してしまうこともあります。

　ただし、このアプローチで、気をつけたいポイントがあります。

　すぐに謝るということは、正確な原因などがわからない状況で謝るので、うかつに原因を推測したりしてはいけません。

　まずは、**問題が起きて、そのような状態になったことについて、**
「お手間を取らせてすみません」
「ご心配をおかけして、申し訳ありません」
　と謝りましょう。

　原因がわからないうちに、原因の可能性にまで言及してしまうと、余計なアクションを課せられることになります。うかつに口をすべらせてはいけません。

　これらの対処法は、相手や状況によって使い分けます。

　こちらがなかなか謝らないことで、相手が余計に怒り心頭になることもあります。

　あるいは、事態がよく飲み込めていないのに、とりあえず謝っていると、誠意のない謝罪となり、かえって事態をややこしくすることもあります。ポイントを外した謝罪は、「何もわかってないじゃないか！」と、信用まで失うことになりかねません。

　一流のリーダーは、謝罪も一流です。謝ることによって、相手から信用を勝ち取ることができたら、あなたも一流のリーダーです。

06 つらくなったら逃げてもいい

　リーダーは、その責任ある立場のために、とかく頑張りすぎる傾向があります。しかし、常に踏ん張っていると疲れてしまいます。「たまには逃げる」ことも大切です。

☑ どうしようもないときは、ためらわずに「逃げる」

　「リーダーなんだから、頑張らなきゃ」と気負いすぎて、自分の心がまいってしまうようなことがあってはいけません。どこかで、踏ん張らずに逃げる、という選択肢も持っておきましょう。

　そのためには、**つらくなったら「ここから先は逃げる」と自分でラインを決める**ことです。

　いつもは「逃げてはいけない」と思っているのに、結果的に逃げてしまったときは、後ろめたい気持ちを抱えることになります。それがさらにマイナス思考を呼び、心理的負担になります。

　だから、「ここは逃げる」と決めて**意図的に逃げる**のです。

　私も多くの組織やチームでリーダーをやってきましたが、過去には、トラブルでクライアントにひどく叱られたり、社内で責められたりということもありました。しかも、そういうときに限って、メンバーからの抗議も重なり、かなりのストレスを抱えていました。

　そんなつらい状況では、要所要所で逃げておかないと、自分のメンタルが保てません。

☑ 責められる時間を「無」になってやりすごす方法

　そのような場を、私がどうやって切り抜けてきたか。

　それは、**「黙って下を向く」**という方法です。

トラブルプロジェクトで一番進捗と品質が悪いチームを受け持ったとき、毎週、お客様への進捗報告のたびに、30分も集中砲火に遭っていました。30分ずっと黙って俯いていたわけではありませんが、何も言いようがないときには下を向いて黙っていました。

　相手の気が済むまで指摘し終えるのを待ち、ひたすら時間が過ぎるまでやりすごす作戦です。

　そのときは、ここは「逃げる」と決めていたので、つらい時間ではありましたが、過度にストレスとなることはありませんでした。

　私の周りには、**「ロボットになったつもりで行く」**とか**「ぬいぐるみをかぶったつもりで行く」**というように、自分なりのストレス軽減法を持っているリーダーがたくさんいました。

　他にも、メンタル的に限界を感じたときに、急遽休みを取って三浦半島の海岸沿いまであてもなく行き、ただ海を見て、寿司を食べて帰ってきた、なんてこともありました。

　今となっては懐かしい思い出です。

☑ リーダーのメンタルは、誰も心配してくれない

　実は、**リーダーはこんなにもストレスがかかる割に、周りからはあまりメンタルケアをしてもらえません。**

　というのも、リーダーになっている時点で、一定のメンタル力があると思われてしまうからです。気にしてくれる上司や上位リーダーはいるかもしれませんが、リーダーがメンバーのメンタルを気にするほどには、誰もあなたのメンタルを気にしてくれません。

　従って、リーダーは**自分のメンタルは自分でケアをし、自分でコントロールする術を身につけて**おかなくてはいけません。

　いつも逃げてばかりではいけませんが、自分を守るために、「逃げのテクニック」も身につけておきましょう。

第**5**章
メンタル・マネジメント
MENTAL MANAGEMENT

07 支えとなる言葉を「座右の銘」にする

　リーダーは、組織全体の責任を負う立場なので、常に自分の判断や決断が正しかったのかどうか、結果が伴うかどうかという**「不安」**を抱えて仕事をしています。

　高い目標の達成、新規事業の立ち上げや、困難なプロジェクトの遂行などでは、より一層、強い不安を抱えることになるでしょう。

　そのようなとき役立つのが、**自分の支えとなる「座右の銘」**です。

　挫けそうになったとき、その言葉を思い返すことで、踏ん張ることができるのです。

✓ 気に入った言葉は書き留めておこう

　私にも、多くの支えとなる言葉がありますが、ここでは、幾度となく支えられた言葉を２つ紹介しましょう。

【転ぶときも前のめり】

　仕事がうまくいくかどうかは、誰にもわかりません。ひと通り終わって初めて結果が出るので、それまでは不安でいっぱいです。

　しかし、「失敗するかも」「失敗したらどうしよう……？」と怖気づいて、力を出し切れずに失敗するくらいなら、力を出し切って前に転ぶほうが、同じ失敗でも数千倍マシではないでしょうか。

　結果はどうせわからないのであれば、縮こまって力を出し切らないのではなく、全力を出し切るようにしましょう。

【明けない夜はない】

　ビジネスは先が見えないものですが、私はこれまで何度か、本当に先が見えないような、怖い思いをしたことがあります。

7年前のことですが、トラブルプロジェクトのリカバリーで、たった3カ月でシステムの大部分を作り直すことを決断しました。

　その3カ月は、本当にできるのだろうか、この決断でよかったのだろうか……、と不安で不安でしょうがなかったのを覚えています。

　この間、私の心を支えた言葉が、「明けない夜はない」でした。「先の見えないつらさも、いずれは終わりがくる」「いつかは明るい朝がやってくる！」と自分に言い聞かせながら、3カ月間、何とかやり切ることができました。

　ちなみに、この言葉の反対で**「暮れない昼はない」**という言葉もあります。これは、仕事が順調なときに、油断して落とし穴に落ちないようにと、自分を戒める言葉として使っています。

　このように、**自分の心の支えとなる言葉があると、折れそうな気持ちを奮い立たせる**ことができます。あなたも、気に入った言葉に出合ったら、いつでも思い出せるように、手帳やノートに書き留めておいてください。

　スポーツ選手の言葉や、名経営者の言葉でもいいでしょう。あるいは、言葉ではなく音楽でもかまいません。

　これから先、あなたの「リーダー道」をともに歩む言葉をぜひ見つけてください。

「支えとなる言葉」を持っているリーダーは強い

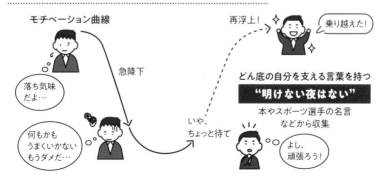

モチベーション曲線

落ち気味だよ…

急降下

何もかもうまくいかないもうダメだ…

いや、ちょっと待て

再浮上！

乗り越えた！

どん底の自分を支える言葉を持つ

"明けない夜はない"

本やスポーツ選手の名言などから収集

よし、頑張ろう！

08 リーダーの醍醐味を味わい、人生を充実させる

　次のステップに向けて準備をしよう！　といっても、ステップアップすると、この先「つらいことが増えそうだな」「今以上の責任を持つことになり、大変そうだな」と思うかもしれません。

　確かに、リーダーのネガティブな面に目を向けると、そのような捉え方になるかもしれません。

　しかし、リーダーの仕事には醍醐味があります。それは、**リーダーにしかできない仕事、経験できない達成感を味わえる**ことです。

☑ リーダーの醍醐味❶ 経営に近い仕事ができる

　リーダーポジションが上がるにつれて、組織の本丸や会社の中核に近い仕事ができるようになります。これは**組織や会社の将来を左右するような仕事に携わるようになる**、ということ。責任と緊張感は増しますが、それと同じように**最高のやりがい**を得られます。

☑ リーダーの醍醐味❷ 決定権限が増える

　リーダーになると、**自分で決定できる権限の範囲が広がります。**予算を決める権限、人員を配置する権限、年間計画の決定権限、進むか退くかの決定権限、などです。

　決断は、リーダーにとって難しい仕事だと述べましたが（114ページ参照）、裏を返せば、自分の決定で組織の成功を生み出せるということです。これは、リーダーとして最高の充実感を得られる瞬間です。

☑ リーダーの醍醐味❸ 自分の理想のチームを作れる

　リーダーは、自分の組織に自分の意思を反映させることができます。これまでメンバー時代に組織に対して抱えていた不満を、自分

の手で変えていくことができるのです。

　ポジションが上がれば上がるほど、理想の組織を作れる範囲も広がります。自分の手で、最高の組織を作ってみましょう。

☑ リーダーの醍醐味❹ 成長機会が広がる

　ポジションが上がっていくと、出会う人のランクも上がるので、**新しい刺激を受けて自分を成長**させることができます。

　また、社内外でリーダーが出席する会議や会合に出るようになり、これまで触れることのできなかった情報を得たり、そこに集う人と会話したりすることで**知見を深める**ことができます。

　つまり、ポジションが上がるにつれて**見える世界が変わり、新しい刺激を受けて学ぶことも増え、成長機会が一段と広がる**のです。

　ステップアップすれば大変なこともありますが、それは、これらのメリットを享受するためのもの。**天秤にかければ、メリットのほうがはるかに大きいと思います。**

　あなたも、つらい面ばかりを見るのではなく、メリットのほうに意識を向けてみましょう。**リーダーでなければ味わえない、刺激と興奮に満ちた発見**がたくさんあるはず。リーダーという仕事を精いっぱい楽しみ、人生を充実させていきましょう。

リーダーの仕事には醍醐味がある

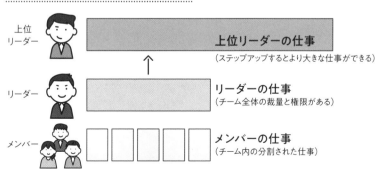

Check Point

☑ **ポジティブなリーダーが、ポジティブなチームを作る**
  - ☐ リーダーが後ろ向きだと、チームは前に進まない
  - ☐ ポジティブな振る舞いは、リーダーが身につけるべき必須スキル
  - ☐ 前向きな言葉を使えば、チームの雰囲気はポジティブに変わる

☑ **リーダーに課される「責任」を、深刻に受けとめすぎない**
  - ☐ 目標を達成できず、多少失敗したとしても、
    罰則があるわけではない
  - ☐ 仕事の成果は時の運に左右されることもある
  - ☐ リーダーがメンバーの一挙手一投足まで責任を持つ必要はない

☑ **リーダーが一番優秀である必要はない**
  - ☐ リーダーに「現場スキルの優秀さ」は求められていない
  - ☐ リーダーの仕事は「メンバーが気持ちよく仕事をし、
    最大限のパフォーマンスを発揮できるように環境を整える」こと

リーダー

優秀なメンバーを率いて
"大きな成果"を出すのが
リーダーの仕事

優秀なメンバー

チーム内の仕事は優秀なメンバーに任せる

☑ **「悪口」や「不平不満」は封印する**
  - ☐ リーダーによるネガティブ発言はメンバーのモチベーションを下げる
  - ☐ ネガティブ発言が目立つリーダーは上層部から評価されない
  - ☐ 悪口を言った相手とも、いずれ一緒に仕事をする日が来る

☑ 少しでもメンタルを楽にする謝り方

☐ 自分たちに落ち度がなければ、うかつに謝らない

☐ 相手の怒りの炎を早めに鎮火させたい場合はすぐに謝る

☐ 原因がわからないときは、「問題が起きている」事実に対して謝る

☐ 「誠意のない謝罪」や「ポイントを外した謝罪」は、逆効果

☑ つらくなったら逃げてもいい

☐ リーダーのメンタルは、自分でケアするしかない

☐ 追い込まれたときのために、「ここから先は逃げる」という線引きと
　「逃げのテクニック」を持っておく

☑ 支えとなる言葉を「座右の銘」にする

☐ 不安やプレッシャーに挫けそうなとき、
　心の支えとなる「座右の銘」があると、奮起できる

☐ スポーツ選手や経営者など、
　名言と出合ったらすかさず書き留めてストックしておく

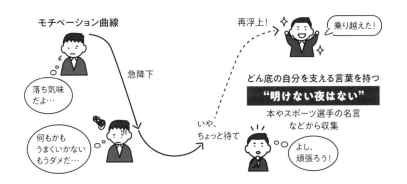

☑ リーダーの醍醐味を味わい、人生を充実させる

☐ リーダーの仕事は、やりがいと刺激、達成感に満ちている

☐ リーダーという仕事を精いっぱい楽しみ、人生を充実させる

第 **6** 章

セルフ・マネジメント

SELF MANAGEMENT

自分自身を磨き続け、キャリアアップする技術

リーダーになったあなたは、
リーダーである自分自身のことも
マネジメントしていかなければいけません。
メンバーやチームのマネジメントと並行しながら
いかにして自分自身を成長させ、キャリアアップを図るか。
リーダーとしての仕事のやりがいをどうつくるか。
一緒に考えていきましょう。

01 1年目リーダーは、キャリア階段の1段目

あなたがリーダーになったということは、これまでのあなたの活躍が評価されたということです。**リーダーは、組織やメンバーを預かる存在なので、会社は期待している人にリーダーを任せます。**

まずは、リーダーにアサインされたことに自信を持ってください。

ただし、ここがゴールではありません。あなたのこれからのキャリアアップの第一歩です。ただ、リーダー1年目のときには、日々の仕事やマネジメント、メンバーフォローに追われて、自分のキャリアアップのことは、ほとんど意識する余裕はないと思います。

私自身もそうでしたが、今となってはそこに後悔があります。

だからこそ、自分自身の成長とキャリアアップの意識を頭の片隅に置いて、リーダーという仕事に邁進していただきたいのです。

✓ 普段の仕事から、リーダーの資質の有無を探られている

あなたは、リーダーがどのように決まるか、知っていますか？

組織の中で、リーダーが必要になるパターンは、次の3つです。

❶リーダーのポジションが空く

❷新しくリーダーのポジションができる

❸可能性のある人をステップアップさせる

すなわち、空きのポジションを埋めるか、育成目的で昇格させるかのどちらか、あるいは両方を目的としています。

新しいリーダーが必要になったとき、会社はどのように人選するのでしょうか。

必要に迫られてから考え始めるということは、まずありません。

上司や先輩は、**より大きな組織を任せられるか、リーダーとしての資質があるか、普段のあなたの仕事ぶりを観察**しています。

☑ リーダー職が託されるのは、リーダーの資質を備えた人

リーダーとしての資質は、次の３つのポイントに集約できます。

❶ビジネスで成果が出せるか

❷組織をマネジメントできるか

❸人材育成ができるか

❶の「**ビジネスで成果が出せる**」ことはリーダーの必須要素です。今いる組織のミッションを達成できない人に、次のステップのリーダーを任せることはありません。

数字やミッションの達成だけでなく、**❷「組織をマネジメントできている」**ことも重要です。他の組織との関係作りやメンバーのモチベーション管理など、組織マネジメントは多岐にわたります。

さらに、会社・組織は永続的に成長しなければいけません。それはつまり、今の若手メンバーが将来の中核メンバーとなっていなければいけないということです。そのために、**❸「人材を育成する」**ことがリーダーに求められるのです。

あなたにも次のステップへのチャンスが、いずれやってきます。

そのチャンスのために、日ごろから**❶**〜**❸**で成果を出すことに邁進して、準備をしておきましょう。

準備のできている人だけがリーダーの階段を上っていく

成果
・ビジネス達成
・組織マネジメント
・人材育成

リーダーのキャリア階段

02 「プレイヤー」と「マネージャー」の バランスを取る

　リーダーに求められる役割は、組織の成果を最大化することです。そのためには、人と組織をマネジメントしないといけません。このとき一番の問題となるのが**「プレイングマネージャー」問題**です。

　リーダーがプレイヤーになりすぎて、組織マネジメントに時間を使うことができず、ボトルネックになってしまう、という問題です。

✓ リーダーはボトルネックになってはいけない

　プレイヤーの仕事に時間を取られすぎて、ボトルネックになってしまうのは、1年目リーダーや若手リーダーによく見られることです。私も経験があるのでよくわかります。

　リーダーが実作業を行ってしまうと、人と組織を動かすというマネジメント業務に十分な時間を割くことができなくなります。

　82ページで、「自分がやったほうが早い」を我慢しようと述べましたが、**リーダーが手を出してしまうと、メンバーが成長しないだけでなく、リーダーが組織のボトルネックにも**なってしまいます。

　ただ、プレイングマネージャーが絶対的に悪いということではありません。特に、小さな組織では、リーダーが実務を兼任しなければならないケースも多いはずです。

　だからこそ、バランスを取ることが大切なのです。**チームとメンバーを動かすことができないほどに自分でタスクを抱えすぎて、リーダーがボトルネックになってはいけません。**

　常に自分自身の仕事のバランスを客観視し、どちらかに偏りすぎないようにコントロールしましょう。

リーダーの仕事も「選択と集中」で、組織の成果に集中する

リーダーがやらなければいけない仕事は2種類あります。

一つは、メンバーの仕事のサポートやフォロー。そして、もう一つは、組織の計画立案や、進捗確認、予算計画などです。

これらの仕事は、あなたが自分自身でやらなければいけません。

IBM時代に私が補佐をした役員は、

「役員1年目のときは、何をどうすればいいかわからなかったから、全部自分でやってみた。大変だったけど、やるべきことがわかったから、今年からはみんなに振っていく。自分の仕事の選択と集中だ」

と言っていました。

前述したようなリーダーがやるべき仕事は、リーダー1年目からしっかり取り組むようにしましょう。**この先のリーダーのキャリアの中で、ずっと必要になるスキル**だからです。

そして、それらの仕事ができるようになったら、2年目から一部はメンバーに振って、自分の仕事のバランスを取っていきましょう。**組織の成果を出すために、自分の仕事の「選択と集中」をする**のです。

「プレイヤー」と「マネージャー」の絶妙バランス

プレイヤーとしての実務　　　　マネージャーとしての管理

両者のバランスを取る

03 ピンチは絶好の「成長機会」

リーダーになると、遅かれ早かれ必ずピンチが訪れます。

プロジェクトがトラブルに巻き込まれたり、クライアントやユーザーからのクレーム対応に追われたり、新規タスクが大幅に遅れたり。しかもこれらが、同時に押し寄せてくる悲劇に見舞われるかもしれません。

私はシステム開発のトラブル案件に、途中から投入されることが多かったので、ピンチはかなり経験してきたほうです。

そんな私が、これまでの経験から言えること。それは、**「ピンチはチャンス」**だということです。

☑ マイナス状況は「改善の余地」だらけ

チームにピンチが訪れると、ついネガティブな気持ちになってしまい、「なんてツイてないんだろう」「あのとき○○していたら、こうはならなかったのに」などと、考えがちです。

しかし、視点を変えてみると、**そのピンチはあなたがリーダーとして飛躍するチャンス**を大いに秘めています。

ピンチに陥ったということは、再び浮上できるということです。**どんなに今がどん底でマイナスの状況であっても、少しでも改善の兆しがあれば、それはプラス方向に転じている**ということ。

それが新たな信頼と、評価を生み出します。

たとえ、迷惑をかけてしまったお客様であっても、どん底の状況に真摯に向き合い、地道に回復させていくリーダーの姿を見せれば、お客様はもちろん、メンバーや会社からも信頼されるようになるのです。

☑ 積み上げたプラスは「評価」と「信頼」に変わる

　ピンチを切り抜け、状況を改善させていくことの難しさは誰もが知っているので、それをやり遂げることができれば、あなたは会社から評価され、信頼を得られるようになります。

　そして、その評価と信頼の先に待っているのが、**リーダーとしてのキャリアアップ**です。ピンチを乗り越えたリーダーは、社内でも一目置かれる存在になります。すぐにキャリアップするとは限りませんが、いずれ必要とされる日が必ずやってきます。

　あるときふと気づいたのですが、会社の役員クラスのほとんど全員が、**ピンチを乗り越えた「武勇伝」**を持っていました。
　困難な状況を切り抜けてきた経験を通して、一皮も二皮もむけ、その積み重ねでキャリアアップを果たしていたのです。
　ビジネスは常に順風満帆とは限りません。必ず、ピンチが訪れます。しかし、その**ピンチを切り抜ける力のある人だけが、キャリアの階段を駆け上がっていくことができる**のです。
　こう考えると、ピンチに陥ったときは逃げ出したくなるほど苦しいかもしれませんが、やはり、ピンチはチャンスなのです。

ピンチは乗り越えれば「武勇伝」になる

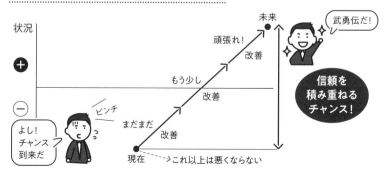

04 「怒られた」ときこそ、 信頼度アップの大チャンス

　リーダーは、組織の代表として「怒られる」ことがあります。それも、自分自身の過失ではなく、チームメンバーのミスや、チーム全体の失敗に対してです。お客様やユーザーからのクレームもあれば、社内の上位リーダーからの叱責もあります。

　そんなときは、なぜ自分が怒られなければいけないのかと、やるせなくなります。「リーダーになりたくない」と思う若手メンバーが増えている理由の一つも、まさにこのあたりにあるのでしょう。

　確かに、リーダーだからと怒られるのは気持ちがいいものではありません。しかし、ここで**しっかりと対応することで、あなたに対する信頼度はさらに上がります。**

☑ 怒られたときこそ、真摯に取り組みリカバリーする

　まず、**起きてしまったことに対してきちんと対処する**ことが、基本のスタイルです。

❶真摯に対応する

　チームの過失で、当然のなりゆきとして怒られているのであれば、それがあなた自身の失敗でなくても、真摯に対応しなくてはいけません。相手のお叱りをしっかりと受けとめ、事態の収束に取り組みましょう。

　前項でピンチはチャンスという話をしましたが、ここでも同じです。**怒られたときの状況はマイナスですが、しっかりと対応することで、その後プラスの状況に転じることも可能となります。怒られた後の対応で、信頼がさらに高まる、**というのはよくあることです。

そして、一度怒られたとしても、再度同じことで「怒られない」ようにすることも大切です。チーム全体で原因をしっかりと見極め、二度と同じ過ちを犯さないように再発防止の対策、改善をしていきましょう。

✓ 理不尽に怒られたら火に油を注がない

残念なことに、理不尽に怒られることもあります。まったくのお門違いだったり、相手の感情のままに怒りをぶつけられることもあります。そのときは、受け流すというテクニックも必要です。

❷とりあえず謝る

いわれもなく、理不尽に怒られることもあるでしょう。そのときの対処法の一つが「とりあえず謝る」です。**とりあえず謝って相手の溜飲が下がるのを待つ**のです。これは、へたに言い訳や反論をすると、火に油を注いでしまいかねない相手に使う対処法です。

❸黙ってやりすごす

どんなに真摯に謝罪しても、気が収まらない相手もいます。そのときは、**黙ってやりすごす**しかありません。すべてを吐き出すまで落ち着かないタイプにはこの手を使います。

一方、理不尽に怒られたとき、あからさまに不満や反発の態度を示すのはおすすめしません。その後のあなたのキャリアにとっても、プラスにはならないでしょう。

「負けるが勝ち」という言葉もあります。自分のキャリアのため、ここはぐっと堪えるしかありません。

リーダーのキャリアを歩む上で、「怒られる」ことは、避けては通れません。どうせ避けることができないのなら、**上手に怒られて、その対応によって相手からさらなる信頼を獲得し、自分のキャリアアップにつなげていく**くらいの気概を持ちましょう。

05 リーダーは「嫌われる」ことに 臆病になってはいけない

優しいリーダーがいいか、厳しいリーダーがいいか、よく議論になるところですが、これは択一的に決めることはできません。

有能なリーダーの多くは両方の顔を持っていて、場面ごとに使い分けています。

ただ、一つ言えることがあります。それは、**メンバーに好かれようとすると、組織は成果を出せなくなる**ということです。

✓ メンバーに好かれようとしてないか？

リーダーであるあなたは、メンバーに対して「こんな指摘をしたら、嫌われるかな？」「ただでさえ忙しいのに、これ以上タスクをお願いしたら嫌がるだろうな」「あの人は年上だから、私が指示をしたら気に入らないかも……」などという思いが、頭をよぎったことがあるのではないでしょうか。

しかし、できればこのような気持ちは脇において、本来のチーム・マネジメントに集中したいものです。

残念ですが、リーダーはその役割の特性上、メンバー全員に好かれるということは、まずありません。むしろ、**メンバーから好かれることを目標にしていては、チームは弱体化してしまいます。**

メンバーに好かれることをめざして、リーダーがメンバーに気を遣い、楽な仕事ばかりを振ったり、厳しく指導したりすることがないチームは、絶対に大きな成果を上げることはできません。チームにとっても個人にとっても、成長とは、困難なことや限界にチャレンジしたときに、その対価として得られるものだからです。

ただし、好かれなくてもいいとはいっても、あまりに厳しすぎる

指導をしたり、威張り散らして嫌われるような行動を取ったりしてもいい、ということではありません。

　仁義に反した行動で嫌われてしまうと、それはチーム・マネジメントの崩壊を招きます。

　つまり、**チームの成果を出すために、リーダーとして正しいと思うことを貫く**、ということであり、それが、必ずしもメンバーにとっては心地いいとは限らない、ということです。

☑ 正しいことをしていれば、嫌われることはない

　しかし、逆説的になりますが、正しいことをやり抜くリーダーは、ある局面ではメンバーには厳しいリーダーと思われることがあっても、最終的に「嫌われる」ことはありません。

　メンバーは、リーダーがどこを見て仕事をしているのか、何を優先しているのか、いざというときに保身に走るのか、自分たちを守ってくれるのかを敏感に感じ取ります。

　摩擦を恐れず正しいことを貫こうとする姿勢や情熱は、メンバーにもきちんと伝わり、理解と協力を得られるようになるものです。

　そう信じて、リーダーとしての意志を貫く強さを持ちましょう。

嫌われることを恐れないリーダーは、案外嫌われない

06 できるリーダーは 「暇であること」をめざす

リーダーになったばかりのあなたは、日々忙しくしていることと思います。おそらく、あなたの周りのリーダーも同様でしょう。

リーダーはメンバー時代と比べてやることも多いので、忙しくなるのは当然です。

しかし、あなたがめざすべき究極の姿は**「暇であること」**です。

✓ 忙しくしている「仕事の中身」を分析する

ここで、少し振り返ってみましょう。

あなたが日々、忙しくしている、その仕事は何でしょうか。リーダーがやるべき仕事、リーダーしかできない仕事でしょうか。それとも、メンバーのフォローやメンバーからの相談など、メンバーに関連するものでしょうか。

おそらく、メンバーの仕事に関連する仕事が多くを占めているのではないかと思います。

ではなぜ、メンバーに関連する仕事が多いのでしょうか。

それは、**メンバーやチームの成長がまだ十分でないから**です。

リーダーの仕事は「判断」と「決断」の繰り返しです。

メンバーは、自分の仕事についてリーダーに相談します。そして、「判断」と「決断」をリーダーに求めるのです。「どの案がいいでしょうか?」「A案でいいでしょうか?」など、一つひとつお伺いを立ててきます。これがメンバーの数と仕事の数だけ、発生する。だから、忙しくなるのです。

では、チームが成長すると、どうなるでしょうか。

メンバー一人ひとりが、主体的に「判断」と「決断」を下せるようになります。それまでリーダーの仕事であった、「判断」と「決断」を**メンバーが自分でできるようになる**ため、そこから解放されるのです。

　これが、リーダーが暇になるという状況の真相です。
　メンバーがリーダーを頼ることなく、それぞれ自律して、自分たちの判断・決断で仕事をする。これが、理想的なチームの姿です。

　ただ、多くのリーダーは、このことに気づいていません。
　メンバーからの相談で忙しくしていると、リーダーとして自分が求められていて、自分がいないとチームが回らない、という感覚を持ってしまいます。
　そして、そのように頼られるというのは心地いい感覚なので、その状態に満足してしまうのです。
　しかし、これはメンバーにとっても成長機会を奪われているようなものです。あなたは、ここに逆戻りしてはいけません。

✓ 次のチャレンジですぐに忙しくなる

　さて、チームを成長させ、暇になったあなたには、次のステージとして、**会社から新しいチャレンジやミッションが与えられます。**
　そうすると、そのチャレンジでまた忙しくなります。暇だったのは、ほんの束の間。ただし、それはあなたがリーダーとして評価された証しです。
　そして、またそのチャレンジで暇になることをめざしてください。その繰り返しが、あなた自身を成長させ、ステップアップへと導きます。
　常に新しいチャレンジで忙しい、という状態をめざしましょう。

07 自分のキャリアアップのために、次のリーダーを育てる

　リーダー1年目は、自分の目の前のことに必死で、日々の業務をこなすことに精いっぱいだと思います。

　しかし、少しずつでいいので、次のステップへの準備もしていきましょう。その一つが、**次のリーダーを育てる**、ということです。

✔ 次期リーダーを育てないと、自分もキャリアアップできない

　いいチームを作って、いい成果も出せた。よし、そろそろ次のステップに行けるだろう、と思っていても、あなたの後任リーダーがいなければ会社はあなたを次のステップへと引き上げることができません。**あなたがいなくなったことで、その組織が立ち行かなくなってしまうと、会社としては損失**だからです。

　昔、私の上のリーダーにいわれた言葉があります。
「お前のその仕事を誰かができるようにしておかないと、お前はいつまでたっても上に上がれないぞ」

　ハッとしました。私は、その仕事を立ち上げて、自分でできるようになっていたことに満足していたのです。確かに、誰かがその仕事をできるようにならないと、私は離れることができません。

　それ以来、私はどのようなチームのリーダーになっても、いつでもリーダーのバトンを渡せる準備をするようになりました。

✔ バトンを渡す候補メンバーを探しておく

　バトンを渡すための最初のステップは、候補メンバー選びです。すでに頭角を現し始めていて、メンバーの中でもリーダーシップを

発揮している人もいるでしょう。そのような場合は候補選びに悩むことはありませんが、誰を候補にしようかと悩む場合もあります。

悩んだときには、一人に絞る必要はありません。

2〜3人候補がいるなら、彼らに対してリーダー補助的な機会を与えながら、誰にバトンを渡せそうかを見極めるのです。

☑ 仕事を渡して育てる

自分の後釜を育てる一番の方法は、自分のリーダーとしての仕事を少しずつ次のリーダー候補に渡していくことです。そしてコーチングしながら、その仕事ができるように育てていきます。

ただしこのとき、一つ注意すべきポイントがあります。

それは、**その仕事の最終責任は、あくまでもリーダーであるあなたが持つ**ということです。

リーダー候補のメンバーにとっては、まだ背伸びをした仕事なので、うまくいかないこともあります。その状態で責任まで負わせてしまうと、萎縮してしまって結局うまくいかなくなります。

「このタスクは、君の判断でチームメンバーと進めていいよ」

と、権限を与えつつ、

「何かあったら、私が責任を取るから大丈夫」

と、安心させてあげてください。

次のリーダー候補が育っていないと、あなたはいつまでも、次のステップに行くことができません。

「私がいないとこのチームはダメだ」と、自分の存在価値をアピールするリーダーもいますが、まったく自慢になっていません。

むしろ、チームが成長できておらず、次期リーダーも育て切れていないという自分自身の力不足を公言しているようなものです。

「私がいなくても、このチームは大丈夫だ」と断言できるリーダーこそが、真に優秀なリーダーなのです。

第**6**章
セルフ・マネジメント
SELF MANAGEMENT

08 お金は「後から」ついてくる

「リーダーになったけど、社内のランクも変わらないし、給料も上がっていない。リーダーという肩書きと責任を持たされただけだ」

これは、1年目リーダーから、よく聞く言葉です。

私も同じような経験をしたので、気持ちはよくわかります。

リーダーに任命されたのに、ランクが同じままということはよくありましたし、それどころか私より上のランクの人よりも、大規模で難しいプロジェクトをリードしていたこともありました。そして、そのときの給料は間違いなく私のほうが下でした。

しかし、そのような時期は一時のものです。**今やるべきリーダーの任務をきちんとこなし、実績を積んでいけば、報酬は必ず後からついてきます。**

むしろ、**報酬は後からついてくるケースがほとんど**です。

実績と報酬には、タイムラグがあるのです。

ですから、今はストレスに感じていたとしても、そこはぐっと我慢して、今の頑張りに対するご褒美は、後からもらえるのだと思うようにしましょう。

給料が上がらないままリーダーをやるなんてばからしいと、リーダーのポジションを手放すのは、将来のチャンスを丸ごと手放すようなものです。そちらのほうがもったいないと思います。

✓ 会社員が給料を上げるための2つの方向性

私は、会社員が自分の給料を上げる方法は、実質的には2つだけだと思っています。

一つは、**専門性を究めて、その道の超スペシャリストになる**ことです。誰にも負けない専門性を持っていれば、それが希少価値とな

り、社内外問わず高いお金で買われる人材となります。

　もう一つは、**リーダーになること**です。**10人のメンバーの力を
リーダーのマネジメントで15人分や20人分の力に変えることで、
ビジネス成果を最大化**するのです。

　その結果として、組織が潤えば、リーダーとして高い報酬を得ら
れるようになるでしょう。

✓ しっかり社内で実績を積めば、社外でも評価される

　うちの会社は、リーダーになってもそんなに給料は上がらないよ、
と思う人もいるでしょう。しかし、会社の外に目を向ければ**リー
ダーとしてのあなたの市場価値**は高まっているかもしれません。

　あなたがリーダーとして、今の会社でしっかりと実績を出せれば、
社内だけでなく社外に出ても、高く評価される人材になっているは
ずです。その時点で、高い報酬を得る権利も手にしているはず、と
考えてみてはいかがでしょうか。

　ですから、**今はとにかく、地道に経験と実績を積みましょう**。報
酬は、後からちゃんとついてきます。

「実績」が先、「報酬」は後

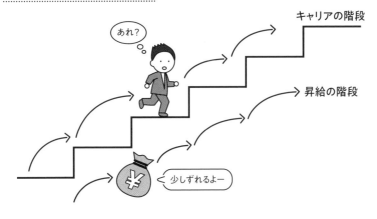

あれ？

キャリアの階段

昇給の階段

¥

少しずれるよー

第6章
セルフ・マネジメント
SELF MANAGEMENT

227

09 次のポジションの準備をしておく

リーダーになったばかりのあなたには、少々気が早いかもしれませんが、頭の片隅で、次のステップ、そのまた次のステップへと、キャリアアップを図ることも考えておきましょう。

ここではそのための準備を2つ、ご紹介します。

✓ チャンスの女神は突然やって来る

「チャンスの女神には前髪しかない」という言葉があります。

チャンスの女神があなたの前にやって来たら、その瞬間に前髪をつかまなければいけないということです。

女神が通り過ぎた後、後ろからつかもうと思ってもチャンスの女神には後ろ髪がないのでつかむことはできません。しかも、女神はいつやって来るかわかりません。

すなわち、**いつやって来るかわからないチャンスの到来に備えて、今から準備をしておこう**、ということです。

リーダーとしてのステップアップのチャンスが、いつ自分に巡って来るかはわかりません。そのときに準備ができていなければ、そのチャンスを手にすることはできません。明日来るかもしれないそのときのために、リーダーとして腕を磨き続けておきましょう。

こう考えると、スキルを上げるための努力を「自己『投資』」と書くのは、なかなか興味深いところです。

実を結ぶかどうか保証はなくとも、結実することを思い描いて、学びのために時間とお金という「資産」を、自分に「投下」するということなのでしょう。

☑ 新しいポジションを受け入れる「気持ち」も準備する

チャンスをつかむ上で、もう一つ必要なものがあります。

それは**「勇気」**です。

あなたにとって次のステップというのは、これまでよりも大きな組織、新しい組織、重要なミッションを持った組織のリーダーにアサインされる、ということだと思います。

実際に、自分がそのようなポジションにふさわしいだろうかと考え始めたら、おそらく誰もが不安になることでしょう。

しかし、あなたが現在のリーダー職に就いたときも、同じ不安を抱えていたのではないでしょうか。

誰もが、新しいリーダーポジションには不安を抱くものです。

本当に自分にできるのだろうか、と怖くもなります。

それでも、その怖さに打ち克って、**新しいポジションを受け入れる勇気**が必要です。怖いからといって、そのポジションのオファーを断るなんて、あり得ません。

次のステップのためには、**スキルアップと経験という準備**が必要です。そうして、いざ、次のチャンスが来たときには「はい、喜んで！」と即答できるように**「気持ち」の準備**もしておきましょう。

次のポジションの準備をしておく

10 上位リーダーの仕事を シミュレーションする

次のポジションの気持ちの準備と並行して、ぜひやっていきたいのが「上位リーダーの業務のシミュレーション」です。

自分の一つ上のポジションのリーダーが、

- どういう仕事をしているのか
- その判断基準は何か
- メンバーとどう接しているか
- 人材育成はどうしているか
- 他の部署とどう調整しているか

など、一つ上のポジションの仕事の内容を把握し、そのやり方をイメージトレーニングしておくのです。

✓ 会議は絶好のシミュレーションの場

シミュレーションに最も適しているのが、**社内会議の場**です。

上位リーダーが参加している会議であれば、そこに関連する人が複数参加しています。

このとき、**上位リーダーはどんな発言をするか、どういう判断をしているのかを脳内でシミュレーション**してみてください。

進捗報告、トラブル報告、ディスカッション、提案など、様々な会議があると思います。

例えば「今回のトラブルの真因は何ですか。そして、それについてどのように対処するのですか」と、上位リーダーが役員に問われたとき、自分ならどう答えるだろうかと、その場で考えるのです。

このとき、実際のリーダーの発言と、自分の脳内シミュレーションの発言には、ギャップが生じるはずです。しかし、それ自体は問題ではありません。なぜなら、持っている情報量や経験に違いがあ

るからです。大切なのは、そのギャップを自分で検証することです。

そうすることで、**上位リーダーの立場の疑似体験を増やしていく**ことができます。すると、いざ自分がその立場になったときに、戸惑わずに仕事ができるオプションが増えているのです。

これは、いい発言だけを学びにするわけではありません。

「今の発言はいただけないな」「その判断はイマイチだな」と思うときもあるでしょう。それらも**反面教師として活かします。**自分がそのポジションに就いたときに、同じ轍を踏まないようにしましょう。

✓ 2つ上のポジションまでがトレーニングの有効範囲

このシミュレーションは、**2つ上のポジションまでしておくこと**をおすすめします。2つ上の立場で物事を見たり考えたりできるようになっておくと、次のポジションに就いたときによりスムーズにそのリーダー業務をこなせるようになります。

ちなみに、私の経験上、**3つ以上、上のポジションのシミュレーションはおすすめしません。**今の自分とは情報量や景色が違いすぎてほとんどトレーニングにはなりません。1〜2つ上までが、有効範囲といえるでしょう。

上位リーダーの仕事をイメトレする

11 経験を重ねて「オーラ」をまとう

　私がまだ10人規模のチームリーダーをやっていたときのことです。尊敬する先輩リーダーからこういわれました。

「いつかリーダーとしてのオーラをまとえるようになれよ」

　しかし、当時の私は「オーラをまとう」という言葉の意味がよくわかりませんでした。いや、そもそも、「オーラとは何か」がわかりませんでした。ただ、その人自身は、私の目には、

❶存在感があり

❷安心感があり

❸威圧感もある

ように映りました。

　その人の言動には、**ずっしりとした重みやピリっとした緊張感が**あったのです。それがオーラと呼べるものだったのかもしれません。

☑ いつの間にか、「リーダーのオーラ」をまとっていた!?

　さてその後、私もリーダーとしての経験を重ね、超大型のとんでもないほどのトラブルプロジェクト案件で、400人規模のグループのリーダーをしていたときのことです。

　プロジェクトルームを歩いているときに、前述のリーダーとはまた違う先輩リーダーから**「木部ちゃんも、最近、リーダーのオーラが出てきたね」**と声をかけられたのです。

　これには、心底びっくりしました。

　オーラのまとい方もわからないまま、がむしゃらにリーダーとしての経験を積んできたつもりでしたが、「傍から見れば、自分もいつの間にかリーダーのオーラをまとっていたの!?」と。

☑「オーラをまとうリーダー」に共通する9つの条件

　この経験から、私は、何がリーダーとしてのオーラにつながったのだろうかと、自分なりに整理し、分析するようになりました。

　そして、社内外問わず、ひと目見た瞬間にオーラを感じるようなリーダーに出会ったら、注意深く相手を観察するようにしたのです。

　その結果、リーダーのオーラをまとっている人に共通している、9つの振る舞いにたどり着きました。

❶背すじを伸ばして姿勢よく立ち、真っ直ぐ相手の目を見る

❷明確な判断軸・基準を持つ

❸どんなときでも堂々としている

❹決して走らず、ゆっくり歩く

❺主観を捨て、できるだけ客観的に考える

❻感情ではなく、論理で仕事をする

❼トラブルや想定外の出来事に慌てない

❽メンバーの抱える課題を解決する

❾組織の力学や社内政治に迎合しない

　これは「**リーダーのあるべき姿**」といえるかもしれません。

　決して簡単なことではありませんが、意識をしているだけでも大きな違いになるはずです。

リーダーの「オーラ」をまとえるようになろう

Check Point

☑ 1年目リーダーは、キャリア階段の1段目
    ☐ リーダーは普段の仕事ぶりからリーダーとしての資質を探られている
    ☐ リーダー職が託されるのは、リーダーの資質を備えた人

☑ 「プレイヤー」と「マネージャー」のバランスを取る
    ☐ リーダーがプレイヤーになりすぎると、チームのボトルネックになる
    ☐ 組織の成果に集中するために、リーダーの仕事も「選択と集中」で
      絞り込みをかける

☑ ピンチは絶好の「成長機会」
    ☐ リーダーがどん底の状況に真摯に向き合い地道に回復させていく姿は
      周囲からの「信頼」と「評価」を生み出す
    ☐ ピンチを切り抜ける力のある人が、
      キャリアの階段を駆け上がっていくことができる

☑ 「怒られた」ときこそ、信頼度アップの大チャンス
    ☐ 組織の代表として「怒られる」のも、リーダーの大事な役割
    ☐ 怒られても、真摯な対応でマイナスをプラスに転じることができれば、
      キャリアアップにつながっていく

☑ リーダーは「嫌われる」ことに臆病になってはいけない
　☐ メンバーに好かれようとするリーダーは、チームを弱体化させる
　☐ 摩擦を恐れず正しいことを貫くリーダーは、メンバーから信頼される

☑ できるリーダーは「暇であること」をめざす
　☐ メンバーが成長すると、リーダーの判断を仰がずに
　　自律的に動けるようになり、リーダーは暇になる
　☐ チームを成長させ、暇になったリーダーには
　　新しいステージが用意され、また忙しくなる
　☐ 優秀なリーダーほど、常に新しいチャレンジで忙しくなる

☑ 自分のキャリアアップのために、次のリーダーを育てる
　☐ リーダーは自分の後任を育てないと、次のステージに行けない
　☐ 後任を育てる一番の方法は、仕事を少しずつ渡して育成すること

☑ お金は「後から」ついてくる
　☐ 職責と報酬は一緒に上がらず、タイムラグが生じるケースが多い
　☐ 会社員が給料を上げる方法は「スペシャリストになる」か、
　　「リーダーになる」かのいずれか

☑ 次のポジションの準備をしておく
　☐ キャリアアップのチャンスは突然やって来るので、
　　いつ来てもいいように今のうちから準備をしておく
　☐ 新しいポジションを受け入れるためには「勇気」も必要

☑ 上位リーダーの仕事をシミュレーションする
　☐ キャリアアップのため、上位リーダーの業務内容を
　　イメージトレーニングしておく
　☐ 社内会議で、上位リーダーの発言を脳内シミュレーションして、
　　実際の発言とのギャップを検証する

☑ 経験を重ねて「オーラ」をまとう
　☐ リーダーのオーラは一朝一夕にまとえるものではない
　☐ 理想像を描き、めざしていく中でオーラをまとえるようになる

第 **6** 章
セルフ・マネジメント
SELF MANAGEMENT

第 **7** 章

モ デ ル ケ ー ス

MODEL CASE

優秀なリーダー／残念なリーダーは何が違うのか？

私はこれまで、たくさんのリーダーの下_{もと}で
仕事をしてきました。
優秀なリーダーから吸収したことと同じくらい
残念なリーダーからも多くのことを学びました。
この経験は、私が現在リーダーの仕事をする上で
かけがえのない財産になっています。
ここでは、彼らから学んだ多くのことを、
皆さんにシェアしたいと思います。

01 優秀 自社視点ではなく、お客様視点で考える

　企業は営利団体なので、利益を出すことを考えなければいけません。するとどうしても、**社内事情とお客様からの要望との板挟みで利益相反するようなケースが発生**してしまいます。

　カスタマーファーストだからと、会社の利益を度外視してビジネスを進めるわけにもいきません。かといって、社内都合ばかりを優先していては、お客様にとって価値のある提案をすることはできず、いつしかお客様も離れていってしまいます。自社の利益確保と顧客満足の両立は、永遠の課題です。

☑ 優秀なリーダーは、一貫して顧客視点で考える

　この話になると、私はいつも若いときに出会った素晴らしいリーダーのことを思い出します。

　彼は、何かあるといつも、

「それって本当にお客様のためになるの？」

「自分たちのことしか考えてないのでは？」

と、私たちに問いかけてきました。

　そのリーダーは、首尾一貫、常にお客様視点で物事を考える姿が印象的でした。多くのリーダーは、自分の社内の評価が気になるので、社内都合を優先しがちですが、彼は、気持ちがいいくらい、徹底したお客様目線でした。

　もちろん、社内の事情も考慮しないわけではないのですが、真っ先に考えるのはいつも、どうすれば本当にお客様のためになるかで、そこにブレは一切ありませんでした。

　彼の下で働くことは、メンバーとしては非常に気持ちがいいものでした。**自分たちはお客様のために仕事をしているのだ、という誇**

りを胸に、一点の曇りもなく仕事ができたからです。

　このリーダーからは他にも多くのことを学びましたが、顧客思考については、他のリーダーと比べてもずば抜けていました。私自身、今もこのときのイメージを失わずに、顧客視点で物事を考えるように日々精進しています。

✓ 顧客視点を突き詰めて、企業トップに上り詰めたリーダー

　もう一人、別のリーダーも紹介しましょう。
　その人も、徹底的にお客様のことを考え抜くリーダーでした。

　ある提案案件のときに営業担当が、
「ソリューションが2つあるのですが、B案にすると他の部門の数字になってしまいます。どうしましょう？」
　と言ったところ、そのリーダーは迷うことなく、
「お客様にとってB案がベストなら、B案しかないでしょ。部門の数字なんて、どうでもいいよ」
　と言い切ったのです。

　一見、当たり前のようにも聞こえますが、ビジネスパーソンには皆、部門や自分の目標数字があり、その達成を課されているので、こうした局面では、どうしても自部門の数字にしたい誘惑にかられてしまうものです。
　しかしこのリーダーは、即座に顧客優先の判断をしました。
　彼も、前述のリーダーと同様、常に「それはお客様にとって本当にいいことなのか」と、口にしていました。
　そのリーダーですが、今は大企業のトップを務めています。
　彼からは、大きな視点でビジネスを捉えることを学びました。

02 残念 自部門の数字にしか 興味のないリーダー

　多くのリーダーは、売上目標など何かしらの数字目標を持っていて、皆、その目標達成のため、日々頑張っています。

　ただ、たまに、この数字達成に対するスタンスが、到底尊敬できないようなリーダーもいました。

☑ 誠実な人に、数字という結果が付いてくる

　一つは、**顧客視点がなく自分の数字目標のために動く人**です。

　私は家を建てるときに、不動産会社と住宅メーカーの営業の方にお世話になりましたが、どちらもとても気持ちのいい営業でした。自分が売りたいものを売るのではなく、こちらの希望や好みなどをきちんと理解してくれて、そのニーズに合うものをいつも提案してくれました。おかげで、**物件だけでなく、気持ちの面でも、とてもいい買い物ができたと満足することができました。**

　あなたもこれまでの人生で、満足のいく買い物だけでなく、その逆のケースもあったでしょう。まったく欲しくないもの、必要もないものを、無理やり買わされた経験もあるかもしれません。

　そのとき、どのような気持ちになったでしょうか。いい買い物をしたときには、「また、ここで買おう」と思いますが、嫌な思いをさせられたら、「もう二度と、ここでは買い物をしないぞ」と心に誓ったのではないでしょうか。

　結局、買い手の気持ちを考えずに、目先の数字だけを追いかけるようなビジネスをしていると、一時は数字が上がるかもしれませんが、長続きはしません。

　誠実なビジネスをする人にしか、数字は付いてこないのです。

✓ 数字の追いかけ方に、品格が表れる

そして2つ目は、社内で数字の取り合いをする人です。

何か数字の匂いを嗅ぎつけると、すぐすり寄ってきたり、いろいろと理由をつけて少しでも自分の数字になるように動いたりという、ずる賢いタイプのリーダーは、どこの組織にもいるものです。

社内での数字の取り合いは、ある意味では、しょうがない側面もありますが、それも度を過ぎると考えものです。

他部門の人からは煙たがられますし、そんなリーダーの姿を見ているメンバーも、いい気持ちはしません。

目先の数字を取れたとしても、このやり方では長続きはしません。

数字を追いかけることは必要ですし、プレッシャーもありますが、なりふり構わずに達成するのではなく、誠実さと品位を保って目標を達成できるように頑張りましょう。それでこそ、メンバーからも他部門からも一目置かれるリーダーとなれるのです。

数字に下品なリーダーは嫌われる

リーダー

あの案件、ウチの部門の数字にできないのか!?

とにかく、部門の数字を達成するんだ!

メンバー

なんか下品でヤダ

ちょっと、せこくない?

何、がっついてんの?

03 優秀 リーダー同士の評価会議で メンバーの活躍をアピールする

　何に対しても文句ばかり言うネガティブタイプで、組織のマネジメントにもあまり熱心ではなく、指示もめちゃくちゃなリーダーのチームで仕事をしていたことがありました。

　正直にいうと、一緒に働いていて、あまり気持ちのいい人ではなく、リーダーとしても尊敬できるタイプではありませんでした。

　しかしあるとき、ふと気づいたのです。このリーダーは**「メンバーを昇進させている」**という事実に。

✓ メンバーの活躍に、「昇進」で報いるのもリーダーの仕事

　多くの組織では、一定の範囲内で昇進の枠があります。

　例えば、部にA〜Eまで5つの課があり、その部には5人の昇進枠があるとイメージしてみてください。

　この場合、5人の昇進枠はそれぞれの課で一人ずつではありません。例えば、Aの課長が自分のチームのメンバーの活躍をアピールして、A課だけで2人とか3人の昇進枠を取っていく、ということも十分起こり得ます。

　前述のリーダーは、この昇進枠をきちんと取ってくる人だったのです。**自分のチームで活躍したメンバーに対して、できるだけ昇進という形で報いようとしていました。**

　これも、リーダーにしかできない重要な仕事です。アピール力が弱いリーダーは、こういうとき昇進枠を勝ち取れなかったりします。

　これは決して、無理やりメンバーを昇進させるということではありません。きちんと活躍していて、他の組織の候補者と横並びで見て甲乙つけがたいときに昇進枠を取ってくる、ということです。

決して尊敬できるところばかりのリーダーではありませんでしたが、この点では、確かに私も恩恵を受けましたし、自分も今後、リーダーとして見習うべき点だな、と学びました。

　このことに気づいて、改めていろいろなリーダーを見回してみたところ、他にも昇進枠を確保するリーダーは何人かいました。

　メンバーのパフォーマンスをきちんと評価し、それに見合う昇進をさせようと、尽力してくれるリーダーです。

　そういうリーダーの下で仕事をすると、メンバーのモチベーションは間違いなく上がります。リーダーに恩返しをしよう、という思いを持ってチームに貢献してくれるメンバーもいるでしょう。

☑ 「仲良し人事」で評価を落としたリーダー

　一方で、反面教師のようなリーダーもいたので紹介しましょう。

　そのリーダーは、自分の組織の若いメンバーを抜擢人事として、何人も早期昇進させていました。ただそれは、傍（はた）から見ると「？」がつくような昇進でした。案の定、彼らは「リーダーとして」機能しませんでした。少し頑張れば何とかなる、というレベルではなく、完全な昇進ミスであることは誰の目にも明らかでした。

　また悪いことに、その選ばれた人たちも、リーダーとよく一緒に飲みに行っている子飼いのメンバーなのではないか、と見られてしまい、影で「仲良し人事」と揶揄（やゆ）される始末でした。

　その後の顛末ですが、ミスマッチとなったリーダーの一人は、経営インパクトを与えるほどのトラブルを起こし、別のリーダーは、成果が出せないまま元のポジションに降格となりました。

　このことからわかる教訓としては、リーダーとしてはまだ力不足で昇進基準に達していないメンバーを、自分に懐（なつ）いているからと無理やり昇進させてはいけないということです。

　周りに迷惑をかけるだけではなく、何よりもそのような昇進をさせたリーダー自身の評価が下がってしまうのです。

第**7**章
モデルケース
MODEL CASE

04 残念 ネガティブなリーダーは 百害あって一利なし

「これ、やってもムダじゃない？　意味ある？」
「こんな無茶な計画、実現できるわけがない！」
「組織の方針が、まったくイケてない！」
　など、口を開けばネガティブ発言しかしないリーダーがいます。
　私もこのようなリーダーの下で仕事をしたことがありますが、モチベーションは下がるし、四六時中このような発言を聞いていると、こちらの頭がおかしくなりそうでした。
　また、リーダーがネガティブなチームを傍で見ていたこともありますが、**どのチームも、メンバーのモチベーションがみるみる下がり、パフォーマンスもまったく上がっていませんでした。**

✓ ネガティブ／ポジティブは自分で選ぶことができる

　リーダーがネガティブだと、チームの雰囲気もどんよりとして停滞気味になります。
　あからさまなネガティブでなくても、
「そのタスクは、ちょっと難しいんじゃない？」
「リスクが多いから、やるのは危険だろう」
　といった、軽いネガティブ発言もあります。
　この程度なら、あなたもつい言ってしまっていませんか。しかし、リーダーは軽い気持ちで言ったつもりでも、メンバーの受け取り方は違います。「リーダーがそう言うなら、このタスクはやめたほうがよさそうだ」と、挑戦に尻込みするようになるのです。
　つまり、**ネガティブなリーダーは百害あって一利なし**なのです。メンバーの立場になって、ポジティブなリーダーとネガティブなリーダーのどちらと仕事をしたいか、考えてみれば明らかでしょう。

重要なのは、**あなたがどちらのリーダーになるかは、自分で選ぶことができる、**ということです。

192ページで、「ポジティブなリーダーをめざそう」と述べたように、どんなに自分本来の性格がネガティブだったしても、リーダーという仕事上の性格は、努力してポジティブにすることができます。

それを繰り返しているうちに、自然とポジティブ思考が自分のスタイルとして身につくようになります。

すべては、**リーダーであるあなたの心がけ次第**なのです。

✓ どうしても不安なときは、隠さず「自己開示」してもいい

ポジティブリーダーをめざすといっても、常にポジティブであり続ける、というのは不可能です。誰しも不安を拭えなかったり、ネガティブ思考に陥ってしまったりすることはあります。

そういうときは、そんな一面をさらけ出してみるのもいいでしょう。

普段はポジティブなリーダーが、たまに弱気な一面を見せると、メンバーは人間味を感じて親近感を覚えることもあります。

これは、「自己開示＝Vulnerability（ヴァルネラビリティ）」と呼ばれるマネジメント手法です。リーダーが万能感を捨て、勇気を持って弱い部分をさらけ出すことで、メンバーの心理的安全性が保たれるのです。

ポジティブもネガティブもメンバーに伝染する！

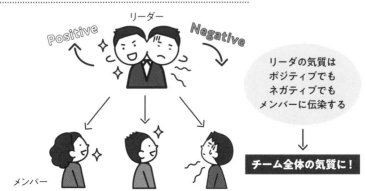

リーダー

Positive　Negative

リーダの気質は
ポジティブでも
ネガティブでも
メンバーに伝染する

↓

チーム全体の気質に！

メンバー

05 優秀 絶対にあきらめない姿勢が 圧倒的な成果を叩き出す

　私はこれまで、システム開発の超トラブルプロジェクトをいくつも担当してきました。その中でも特に印象に残っているリーダーが2人います。

　その2人とは、それぞれ別のタイミングで一緒に仕事をしました。どちらのトラブルプロジェクトも、普通なら到底クリアーできないような厳しい状況でしたが、2人とも、必ず成功に導くぞという強い信念を持った、絶対にあきらめないリーダーだったのです。

　ただし、タイプはそれぞれ違いました。

✓ 2人に学んだ、戦闘力を高めるリーダーシップのあり方

　一人は気持ちが強く、常に混乱のど真ん中に立ち、強いリーダーシップでプロジェクトチームを引っ張っていました。

　そして、時に優しく、時に厳しく、プロジェクトチームのメンバーと接していました。リーダー自らが前線に立ってあきらめずに突き進んでいくので、自ずとプロジェクトチームのメンバー全員もそのリーダーを信じ、次第にチーム全体があきらめない戦闘モードになっていくのを肌で感じました。

　もう一人は、逆に理詰めタイプでした。難局を打開するための戦略を考え抜いて、いくつもシミュレーションをしていました。

　どの戦略も緻密に組み立て、チーム全員が理解して実行できるようになるまで落とし込むのです。私はいつも隣で感心して見ていたのですが、難しい戦略をメンバーが実行できるレベルまで落とし込んでいくので、すぐにチームが動き出せるのでした。

☑ 最後に成否を分けるのは、「やり切る」という強い姿勢

そして、2人に共通していたのは**「やり切る」粘り強さと実行力**です。やると決めたことは途中で投げ出さずに、やり切るのです。

どんなに気持ちを強く持っていても、あらゆるケースを想定し、緻密な戦略を立てたとしても、ビジネスはそうそううまくはいきません。トラブルを抱えた困難な状況であれば、なおのことです。

しかし、**うまくいかなかったとあきらめるのではなく、すぐに軌道修正をして、また進み始めることができるかどうか。そして、結果が出るまでやり続けられるか。**これが、成否を分けるのです。

ビジネスは、成果を出さなければいけません。

新規事業や新規サービスの立ち上げ、難しいプロジェクトの成功など、より難しい仕事、より大きな仕事をやり遂げる上で、最後の最後に効いてくるのは**「絶対にあきらめないという強い姿勢」**です。これさえあれば、結果はちゃんとついてくるのです。

あなたも周りのリーダーを見てみてください。上に上がっているリーダーには、そういう人たちが多いのではないかと思います。

私の「座右の銘」をもう一つ紹介します。

「あきらめたら　そこで試合終了ですよ…?」

漫画『SLAM DUNK』における安西先生の言葉です。

最後に勝つのは「あきらめない」リーダー

絶対にあきらめないぞ
やりとげてみせる!

おーい!

あきらめたら、
ここで試合終了だ

MODEL CASE

06 残念 逐一報告を求め、メンバーの時間を奪う

　これも、私が実際に苦しめられたリーダーの話です。

　何か問題が発生するたびに、「報告がない」と怒るリーダーがいました。どんなに些細なことでも、メンバーの判断で進めると、後から「聞いてない」と怒りだすのです。

　では、実際にそのリーダーに報告をするとどうなるかといえば、その場で何かを決めてくれるでもなく、メンバーにとっては、単に報告という「手間」が増えるだけなのでした。場合によっては、「資料がわかりにくい」とか、「要領を得ていない」などと指摘を受け、報告にかかる余計なワークロードが増えていきます。

　結果、メンバーは「報告業務」に時間を取られ、上司を怒らせないようにと、顔色ばかりを窺うようになっていきます。

☑ 時間を割くべきは「内向き」の仕事より「外向き」の仕事

　こんなことがありました。

　上位クラスのマネージャーが集まっている会議でのこと。会議中に、私が担当するプロジェクトに関するバッドニュースがメールで入りました。

　内容の深刻さから、その会議の参加メンバーにも共有すべきだと判断した私は、最後にそのバッドニュースを報告しました。

　そのときです。2つ上のポジションのリーダーが、

　「聞いてない。いきなりそんな報告をするな！」

　と怒り始めたのです。

　私は、プロジェクトに関する報告は定期的に上げていましたし、悪いニュースが飛び込んできたのでタイムリーに報告したつもり

だったのですが、2つ上のリーダーは突然のことで事実を受けとめ切れず、動揺したのかもしれません。同席していた他のリーダーたちも皆、呆気にとられていました。

このような発言があると、メンバーはもっと密に報告しないといけないのか、と考えてしまいます。しかし、**上司への報告は「内向き」の仕事です。ビジネスとして成果を出すのは「外向き」の仕事**のはずです。**外に対してバリューを発揮するからこそ、組織に貢献ができる**のです。

過剰な報告ほど生産性を落とす「ムダな仕事」はありません。

先ほどのリーダーの振る舞いは、会議の席上という場を考えても、リーダーとしても、適切ではありませんでした。このような振る舞いは、**リーダー自身の品位と格式をも自ら落としてしまいます。**

✓ リーダーの本分は、
メンバーを外で自由に活躍させること

「そんな話、聞いていない」「ちゃんと報告をしろ」が口癖になっているリーダーを見かけますが、その報告でメンバーの動きを止めている様は、「老害」に近いものがあります。**老害とは、年齢に関係なく、いつまでも昔のやり方に固執している人のこと**です。

このようなリーダーを何人も見てきて、私も嫌な気持ちを何度も味わってきたので、私がリーダーとして自分に課している禁句があります。それは、**「聞いてない」**です。これだけは、絶対に言わないように心がけています。

リーダーならば、**メンバーの足を引っ張るのではなく自由に暴れさせ、何か問題が起きたら喜んで尻拭いに奔走するくらいの気構え**が欲しいところです。

人のふり見て我がふり直せ、です。あなたはこのようなリーダーにならないよう、気をつけてください。

優秀 ステップアップするリーダーは 常に挑戦している

07

リーダーになった後、どこかで頭打ちになるリーダーもいれば、どんどんステップアップをしていくリーダーもいます。

私は最終的に、役員や社長に上がっていったリーダーを何人も見てきました。そして、気づいたのです。

キャリアの階段を駆け上がっていくリーダーには、一つの共通点があるということに。

それが「**常に挑戦をしている**」ということです。

☑ 常に未知の領域に挑戦することで、進化・成長できる

リーダーが何に挑戦をしているかというと、それは「**自分にとって未知なること**」です。

ステップアップするにつれて、仕事の面では新しいチャレンジが増えていきます。例えば、これまでよりも大きな組織を率いることになったり、会社の新規事業を開拓することになったりと、自分がこれまで経験してこなかった、より難度の高い仕事を任されるようになります。

そのときに、「こんな難しいプロジェクトは、実現できないに決まってる」「この新規ビジネスには可能性がない」などと、やらない理由を見つけることは簡単です。

しかし、そうやって、**新しいチャレンジから逃げていると、そこで自分自身の成長も止まります。そして、いつまでたっても同じ領域の仕事をするしかなくなります。**

ステップアップをしているリーダーは、常に未知の仕事に果敢に挑戦し続けています。その結果として、ステップアップを果たしているのです。

☑ リーダースタイルも変化させていく

優秀なリーダーたちは、**進化するのと同じくらい「変化」もしていました。**昔からのやり方や自分の成功体験に固執せず、新しいリーダースタイルに常に変化しているのです。

ビジネス環境やテクノロジーの変化のスピードは、目覚ましいものがあります。つい数年前までは、毎日出社するのが当たり前でしたが、コロナを経た今では、完全リモートや、ハイブリッドな働き方もかなり浸透してきました。

チーム内のコミュニケーションも、チャットツールがメインになり、社内ではメールの出番は少なくなっています。携帯電話に至ってはほとんど使わないという人も多いのではないでしょうか。チームメンバーもどんどん新しい世代のメンバーが増えてきます。

このようなビジネス環境では、リーダーも自分のスタイルに固執してはいけません。「ソフト老害」なる言葉も聞きますが、たとえ年齢が若くても、昔のやり方にこだわる振る舞いは老害なのです。

３年後、５年後、今のあなたのスタイルは時代遅れになっている可能性があります。常に時代にアジャストして「進化と変化」を遂げていきましょう。

ステップアップしているリーダーは「挑戦」を恐れない

新しいチャレンジだ！
よし、やるぞー

08 自分独自の「リーダー像」を確立しよう

　ここまで、リーダーの仕事やあるべき姿をテーマごとに分解して解説してきました。そして本章では、私がこれまで出会ってきた優秀なリーダーや残念なリーダーについて、ご紹介しました。

　なかでも、優秀なリーダーからは学ぶべき点がたくさんあったと思います。しかし、ここで紹介した優秀なリーダーが、本書で取り上げた素晴らしい要素をすべて持ち合わせていたわけではありません。また、当たり前ですが、すべての局面でいいリーダーだったわけでもありません。人間ですから、リーダーとしていいところだけでなく、悪いところもありましたし、機嫌のいいとき、悪いときもありました。

✓ 優秀なリーダー像は、一つではない

　だからこそ、今ここであなたにお伝えしたいことがあります。それは誰一人として、まったく同じリーダーはいなかったということです。**優秀なリーダー、すごいリーダーたちは皆、個性豊かでその人たちなりのリーダースタイルを確立**していました。

　ですからあなたも、本書に書いてあることを端から端までそのまま実践する必要はありません。
　取り入れてみよう、と思えるエッセンスは参考にしていただきつつ、最後はあなた自身で自分なりの「リーダー像」を作り上げていただきたいと思います。誰かの真似をするのではなく、「私はこういうリーダーです」というスタイルを、自信を持って確立していきましょう。

✓ リーダースタイルは、時代や環境に合わせてアップデートしていく

リーダー1年目のあなたは、理想のリーダー像にはまだ程遠いと思っていることでしょう。しかし、今この時点で、あなたが今できる精いっぱいを尽くしているのであれば、それが今のあなたにとってベストのリーダー像です。

リーダー像には、正解もゴールもありません。

組織やメンバーに合わせて、あるいは環境や時代に合わせて、リーダー像もアップデートをしていくべきだと思います。

その意味では、リーダーたちは皆道半ばであり、あなた自身のリーダースタイルも、今後変わっていくはずです。

常に理想のリーダーをめざしていれば、自身の成長や時代の変化とともに、自ずとリーダースタイルも変わっていくものだと思うからです。

私自身も5年前、10年前のスタイルと今のスタイルでは、変わってきていることを実感しています。

リーダー像には、答えもゴールもないのですから、その時々で、自分が最高と思えるリーダーをめざしてやっていきましょう。あなたもぜひ、自分だけの最高のリーダー像を作り上げてください。

リーダーの「自分スタイル」を見つけよう

Aさん
Bさん
Cさん

私はコレだ！

自分というリーダー

他の誰とも同じではない
オンリー・ワンの
リーダー像を確立させる

Check Point

☑ 優秀 自社視点ではなく、お客様視点で考える

  ☐ 優秀なリーダーは一貫して顧客視点

  ☐ 顧客視点を突き詰めるリーダーは、企業トップの器となる

☑ 残念 自部門の数字にしか興味のないリーダー

  ☐ 誠実な人に、数字という結果が付いてくる

  ☐ 数字の追いかけ方に、リーダーの品格が表れる

☑ 優秀 リーダー同士の評価会議でメンバーの活躍をアピールする

  ☐ メンバーの活躍に「昇進」で報いるのはリーダーの仕事

  ☐ 「仲良し人事」で昇進させると、リーダー自身の評価を落とす

☑ 残念 ネガティブなリーダーは百害あって一利なし

  ☐ ネガティブかポジティブかは、リーダーが自分で選べる

  ☐ どうしても不安なときは、弱い一面を「自己開示」してもいい

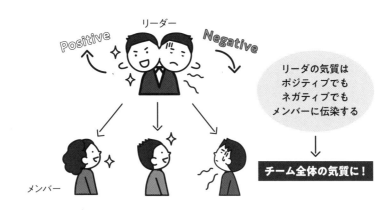

☑ 優秀 絶対にあきらめない姿勢が圧倒的な成果を叩き出す

- ☐ 強いリーダーシップが、チームの戦闘力を高める
- ☐ 最後に成否を分けるのは、リーダーの「やり切る」という強い意志
- ☐ あきらめたら、そこで試合終了

☑ 残念 逐一報告を求め、メンバーの時間を奪う

- ☐ リーダーが時間を割くべきは「内向き」の仕事より「外向き」の仕事
- ☐ リーダーの本分は、メンバーを外で自由に活躍させること

☑ 優秀 ステップアップするリーダーは常に挑戦している

- ☐ リーダーにとっての新しい挑戦とは「自分にとって未知のこと」
- ☐ 優秀なリーダーは日々進化をし、変化を遂げる

☑ 自分独自の「リーダー像」を確立しよう

- ☐ 優秀なリーダー像は一つではない
- ☐ リーダースタイルは、時代や環境に合わせてアップデートさせる

Aさん

Bさん

Cさん

私はコレだ！

自分というリーダー

他の誰とも同じではない
オンリー・ワンの
リーダー像を確立させる

『ザ・ゴール──企業の究極の目的とは何か』
　　　　　　　　　（エリヤフ・ゴールドラット[著]、三本木 亮[翻訳]、ダイヤモンド社）

『クリティカルチェーン──
なぜ、プロジェクトは予定どおりに進まないのか?』
　　　　　　　　　（エリヤフ・ゴールドラット[著]、三本木 亮[翻訳]、ダイヤモンド社）

『アメリカ海軍に学ぶ「最強のチーム」のつくり方』
　　　　　　　　　（マイケル・アブラショフ[著]、吉越浩一郎[翻訳]、三笠書房）

『「ついていきたい」と思われるリーダーになる51の考え方』
　　　　　　　　　　　　　　　　　　　　　（岩田松雄、サンマーク出版）

『そうか、君は課長になったのか。』
　　　　　　　　　　　　　　　　　　　　　（佐々木常夫、WAVE出版）

『GIVE ＆ TAKE　「与える人」こそ成功する時代』
　　　　　　　　　（アダム・グラント[著]、楠木 建[監訳]、三笠書房）

『君主論（まんがで読破）』（マキアヴェッリ、イースト・プレス）

『EQリーダーシップ──成功する人のこころの知能指数の活かし方』
　　　　　　　　（ダニエル・ゴールマン[著]、土屋京子[翻訳]、日経BPマーケティング）

『コーチングのプロが教える「ほめる」技術』（鈴木義幸、日本実業出版社）

『1分間マネジャーの時間管理』
　　　　　　　　（ケン・ブランチャード／ウィリアム・オンケンJr／ハル・バローズ[著]、
　　　　　　　　　　　　　　　　　　　　永井二葉[翻訳]、パンローリング）

『1分間マネジャー──何を示し、どう褒め、どう叱るか！』
　　　　　　　　（ケン・ブランチャード／S.ジョンソン[著]、小林 薫[翻訳]、ダイヤモンド社）

『1分間リーダーシップ──能力とヤル気に即した4つの実践指導法』
　　　　　　　（ケン・ブランチャード／P.ジガーミ／D.ジガーミ[著]、小林 薫[翻訳]、ダイヤモンド社）

『心を静める』（藤平信一、幻冬舎）

『心を整える。──勝利をたぐり寄せるための56の習慣』
　　　　　　　　　　　　　　　　　　　　　（長谷部 誠、幻冬舎）

『スタンフォードの自分を変える教室』
　　　　　　　　（ケリー・マクゴニガル[著]、神崎朗子[翻訳]、大和書房）

おわりに

　最近、「リーダーになりたくない」「管理職になりたくない」という人が増えていると聞きます。

　入社3年目から約20年間、「リーダー」としてキャリアを歩んできた私としては、少々残念で、また寂しい気持ちにもなります。

　しかし、この20数年を振り返って、私が今、自信を持って言えることは**「リーダー職とは、刺激とやりがいに満ちた素晴らしい仕事だ」**ということです。

　確かに、リーダーになると、大変なこと、うまくいかないこと、つらいことをたくさん経験します。私自身も、メンバー時代とはまったく異なるストレスとプレッシャーにさらされ、胃が痛くなるような日々を過ごすこともありました。

　それでも、リーダーとしてのやりがいや充実感、達成感には格別なものがある、と断言できます。

　プロジェクトが成功したとき、困難なビジネス目標を達成したときの喜びは、何物にも代えがたいもの。若手メンバーが成長して、大きく羽ばたいていくのを見るのも、リーダーとして最高の喜びを感じる瞬間です。

　リーダー1年目のあなたにも、ぜひこのような素晴らしい経験をしていただきたいと願ってます。

　今はまだ、不安なことだらけかもしれません。

　人とチームをどのように動かしたらいいのか、一人ひとりのメンバーとどう向き合っていけばいいのか。ビジネスの成果を出すためには、何をどうしたらいいのか……。

　悩んだり、壁にぶつかったりしたら、本書を開いてみてください。

本書に書いてあることを、一つずつ実践していただければ、その悩みや迷い、不安はやがて解消され、いずれ自信に変わるでしょう。

　その歩みの先に、夢と希望に満ち溢れたリーダーの世界が待っています。その道は、あなただけの「理想のリーダー像」へとつながっています。

　あなたが、キャリアの成功をつかみ、そして楽しく豊かな人生を送ってくださることを、心から願っています。

木部 智之

リーダー1年目のマネジメント大全

著　者——木部智之（きべ・ともゆき）

発行者——押鐘太陽

発行所——株式会社三笠書房

　　　　〒102-0072　東京都千代田区飯田橋3-3-1
　　　　電話：(03)5226-5734（営業部）
　　　　　　：(03)5226-5731（編集部）
　　　　https://www.mikasashobo.co.jp

印　刷——誠宏印刷

製　本——若林製本工場

ISBN978-4-8379-2984-0 C0030

三笠書房 単行本

GIVE & TAKE
「与える人」こそ成功する時代

アダム・グラント[著]　楠木 建[監訳]

世の"凡百のビジネス書"とは一線を画す一冊！
―――― 一橋大学大学院教授 **楠木 建**

新しい「人と人との関係」が「成果」と「富」と「チャンス」のサイクルを生む――
その革命的な必勝法とは？
全米No.1ビジネススクール「ペンシルベニア大学ウォートン校」史上最年少終身
教授であり気鋭の組織心理学者、衝撃のデビュー作！

うまくいくチームはカリスマに頼らない
個の力を生かして結果を出すリーダーシップ5つの思考習慣

三浦 将

「カリスマ性」や「統率力」は必要ない！
リーダー力を"底上げ"する5つの習慣力

結果を出すリーダーが大切にしている「習慣力」を❶信頼構築　❷ビジョン創
出　❸戦略遂行　❹成長支援　❺自己管理の5つに分けて徹底解説。これから
のリーダーに重要なのはグイグイ人を引っ張る「統率力」や、圧倒的な存在感を放
つ「カリスマ」ではない。チームを「後ろから支える」リーダーシップだ！

AIを超えたひらめきを生む
問題解決1枚思考

大嶋祥誉

人生は「問題解決」の連続だ！　マッキンゼーで培った
思考メソッドで、素早く「問題の本質」をあぶり出せ!!

仕事でもプライベートでも、あなたの問題解決がうまくいかないのは「問題の本
質」を解き明かさずに、的外れな解決策を実行しているから。
著者考案の「問題解決1枚シート」を使えば、誰でも適切な解決策が導ける！
【購入特典付】①問題解決1枚シート® ②思考を刺激する「問いリスト」

働き方
「なぜ働くのか」「いかに働くのか」

稲盛和夫

成功に至るための「実学」
──「最高の働き方」とは?

■昨日より「一歩だけ前へ出る」■感性的な悩みをしない■「渦の中心」で仕事をする ■願望を「潜在意識」に浸透させる■仕事に「恋をする」■能力を未来進行形で考える
人生において価値あるものを手に入れる法!

最高のリーダーは、
チームの仕事をシンプルにする

阿比留眞二

花王で開発され、著者が独自の改良を重ねた
「課題解決メソッド」!

■会社の「問題」と、自分の「課題」を混同するな
■チームの仕事を「絞り込む」のが、リーダーの役目
■「優先順位」だけでなく「劣後順位」も明確に決める
■会議、段取り、情報共有…生産的な「職場のルール」
■5タイプ別「シンプルかつ効果的な部下指導法」　他

「いまどき部下」を動かす
39のしかけ

池本克之

叱る、口を出す、押しつける、信じ切る……
その「任せ方」、もう通用しなくて当然です。

■仕事の「完了条件」を部下に教え込む■ルール・ブックで「統一基準」をつくる■メールやSNSでのミスの報告も有りとする■目標を「数値化」「文書化」させる■プロセスも「評価基準」に加える……
組織の成長請負人がマネジメントの新ルールを伝授!

BUSINESS SKILL ENCYCLOPEDIA

入社1年目の
ビジネススキル
大全

Kibe Tomoyuki
木部智之

イラスト図解で
わかりやすい!

明日から頭ひとつ
抜き出るために、
今すぐできる
10のトレーニング

本書は、入社1年目の若手社員が
最速で一人前になれるビジネススキルを
厳選して詰め込んだ1冊です。

身につければ、
成長速度が劇的にUP!
どの会社、業界でも
伸び続ける人になる!!

思考法からコミュニケーション、PC仕事術まで

BUSINESS SKILL
ENCYCLOPEDIA

入社1年目の
ビジネススキル
大全

Kibe Tomoyuki
木部智之

こんな人に…

☑ 周囲がみんな優秀に見えて、自分に自信が持てない…

☑ ビジネスシーンでの立ち居振る舞いがわからない…

☑ 何をどう頑張れば評価されるのか、見当がつかない…

☑ 優秀な人は何をやっているのか、知りたい!

☑ 早く先輩に追いつきたい! 同期に差をつけたい!!